Sky du Mont

Ungeschönt

Sky du Mont

Ungeschönt

Alt werden war auch schon mal schlimmer …

HERDER

FREIBURG · BASEL · WIEN

MIX
Papier aus verantwortungsvollen Quellen
FSC® C014496

www.herder.de

Satz: Carsten Klein, Torgau
Herstellung: GGP Media GmbH, Pößneck

Printed in Germany

ISBN Print 978-3-451-60155-2
ISBN E-Book (EPUB) 978-3-451-82770-9

INHALT

GLÜCK GEHABT!

Wieder ein Jahr älter

Wir alle werden älter. Wenn wir Glück haben. Und wir alle machen dabei ganz ähnliche Erfahrungen. Wir alle stellen fest, dass Dinge wichtiger werden, die uns vorher nicht sehr bedeutsam erschienen, und andere Dinge unwichtig, auf die es uns einmal so angekommen ist. Wir sehen uns vor ähnlichen Herausforderungen, fechten ähnliche Kämpfe aus – mit uns selbst und mit der Welt. Und natürlich werden wir alle am Ende verlieren.

Obwohl: Verlieren? Wirklich? Ist das Älterwerden wirklich ein vergeblicher Kampf um Gesundheit, Energie, Liebe, Zuwendung, Würde, ja das Leben an sich? Je älter ich werde, umso mehr bezweifle ich das. Wenn wir kämpfen, können wir am Ende nur verlieren, denn das Leben geht ja auf jeden Fall weiter, nur eben ohne uns. Aber wenn wir es gar nicht als Kampf verstehen? Wo nicht gekämpft wird, kann es nicht nur keinen Sieger geben, sondern vor allem auch keinen Verlierer.

Das Älterwerden ist doch vor allem eines: eine Erfahrung, die wir alle teilen und über die wir täglich neu staunen können.

Denn nicht alles ist schlecht am Älterwerden. Tatsächlich gibt es sogar eine Menge Gutes daran zu entdecken. Deshalb habe ich mich entschieden, mal den Klamauk ein wenig beiseitezulassen und ein Buch zu schreiben, in dem es darum geht, wie wir das Älterwerden als etwas Gutes betrachten können, wie wir mehr Verständnis füreinander entwickeln und wie wir es einander leichter machen können: die Jungen den Alten, die Alten den Jungen und vor allem jeder Mensch sich selbst!

Dass wir trotzdem nicht alles immerzu bierernst betrachten müssen und dass der Spaß auf keinen Fall zu kurz kommen darf, das versteht sich ohnehin. Denn wer um alles in der Welt will schon älter werden nur um des Älterwerdens willen! Nein, wir wollen älter werden, weil wir weiterleben wollen! Mir jedenfalls geht es so. Ich finde, das Leben hat mir noch einiges zu geben – und ich vielleicht dem Leben auch. Überhaupt sind wir ein relativ gutes Team: das Leben und ich. Deshalb gilt für mich bei aller Nachdenklichkeit unbedingtes Trübsinnigkeitsverbot. Abgesänge sollen die anderen singen. Bis jetzt bin ich sehr dankbar dafür, dass ich älter geworden bin – und genau so soll das auch bleiben. Mindestens für die nächsten zwanzig oder dreißig Jahre …

NEULICH AUF DEM FRIEDHOF

Ein Platz zum Wohlfühlen

Ich habe mir ein Grab gekauft. Kein Witz! Ich bin auf den Friedhof gegangen und habe mich ein bisschen umgesehen und mir überlegt, wo ich gerne liegen würde. Genau genommen bin ich auf mehrere Friedhöfe gegangen. Man lernt ja so einige kennen im Laufe des Lebens.

Sie lachen? Aber ganz ehrlich: Ich finde, auch auf Friedhöfen kann man sich wohlfühlen, vorausgesetzt man lebt noch. Was danach kommt, kann ich nicht beurteilen und hoffe auch noch lange nicht.

Es sollte nicht allzu dicht besiedelt sein, ich pflege ja auch sonst gern ein wenig Distanz, und es sollte dort auch nicht allzu viel Trubel sein, denn ich war schon immer eher ein Einzelgänger … Sprich, ich gehe davon aus, dass mir im Jenseits gefallen wird, was mir im Diesseits zusagt. Möglich, dass es mich dann nicht mehr kümmert. Aber ich genieße ja schon im Diesseits das

Bewusstsein, dass ich mal ein Leichnam mit Elbblick sein werde, weil ich mir eine hübsche Grabstätte an der Elbe reserviert habe.

Das war, ich gebe es zu, nicht mein Hauptmotiv für diese Anschaffung. Tatsächlich war es das Ergebnis eines harten Lernprozesses. Vor kurzem ist meine Mutter verstorben, die ein biblisches Alter erreichte und zum Glück bis in ihre letzten Jahre so fit war, dass ich manchmal das Gefühl hatte, sie wäre die deutlich jüngere von uns beiden. Natürlich habe ich um sie getrauert. Aber wenn man die sechzig überschritten hat und seine Mutter verliert, dann hatte man immerhin genügend Zeit, sich auf den Verlust vorzubereiten. Ich war also gefasst und innerlich gefestigt. Das hat mich allerdings nicht davor bewahrt, über der Bürokratie, den Anstrengungen und den Kosten zu verzweifeln, die ein solcher Todesfall für die Hinterbliebenen verursacht. Sie haben Geschwister? Gehen Sie lieber nicht davon aus, dass Sie sich die Arbeit teilen – oder die Kosten. Geteilt wird nur das Erbe.

Im Falle meiner Mutter kam erschwerend hinzu, dass sie in Spanien lebte und ich zunächst nicht vor Ort war und mein Spanisch auch etwas eingerostet ist. Außerdem hatte ich keine Erfahrung im Umgang mit spanischen Behörden, weder was die Beerdigung betrifft noch soweit es um Nachlassangelegenheiten geht. Kurzum: Die Nachricht vom Todesfall kam – und mit ihr kam von einem Augenblick auf den anderen ein Stress und eine Trauer, die mich selbst beinahe in die Grube gezwungen hätte. Es hat viele Monate gedauert, bis das Nötigste geregelt war. Die ersten Tage waren die härtesten: Anreisen, Sarg auswählen, Trauerrede organisieren, Todesanzeige aufsetzen und schalten, Trauerkarten texten und ordern, Adressatenliste erstellen, Trauerkarten verschicken, zahlen, zahlen, zahlen … Und immer, wenn man denkt, jetzt hat man das Wichtigste erledigt, kommt jemand mit einer noch wichtigeren Frage um die Ecke: »Was soll Ihre Mutter tragen?«

»Tragen? Sie ist tot!«

»Aber Sie wollen Sie doch sicher nicht unbekleidet in den Sarg legen?«

»Nein, das natürlich nicht. Die Reit-Klamotten hat sie gern getragen.«

»Für ihre Beerdigung?«

»Hm. Vielleicht nicht. Das blaue Cocktail Kleid?«

»Meinen Sie wirklich?«

»Sie nicht?«

»Wollen wir mal den Kleiderschrank Ihrer Mutter durchsehen?«

Wir reden von Stunden, die man nur mit einer solchen Frage zubringen kann. Das mag in anderen Fällen anders sein. Aber Sie kannten ja meine Mutter nicht.

Genau das ist es, worum es mir bei der ganzen Sache mit dem Grab geht: die Kinder ein wenig zu entlasten. Sie müssen sich nicht mehr darum kümmern, wo meine letzte Ruhestätte sein könnte – und zahlen müssen sie auch nichts dafür, denn ich habe die Pacht ja schon für 20 Jahre im Voraus entrichtet. Klar, wenn ich kurz vor Ablauf ins Gras beiße, dann müssten sie nachlöhnen, aber sie erben ja auch vielleicht etwas, wer weiß? Mitnehmen kann ich ja nichts.

Also: Ich habe mein Grab. Das macht mich nicht toter. Das macht mich nicht unglücklicher. Und vielleicht erreiche ich das Alter meiner Mutter oder meines Vaters und lebe noch mindestens 25 Jahre.

EIGENTLICH WAR ICH SCHON IMMER ÄLTER

Es ist eben alles relativ

Wann unser letztes Stündlein schlägt, wissen wir alle zum Glück nicht. Ich hoffe, dass es der Menschheit gelingt, bei dieser Verfahrensweise zu bleiben. Denn wüsste man es, dann würde man die ganze Zeit auf diesen Moment hinarbeiten, würde ständig an ihn denken und wäre womöglich in den letzten Jahren geradezu wie gelähmt. Nichts wirkt demotivierender als ein Verfallsdatum. Jedenfalls will ich mich beim Einkaufen nicht fragen müssen, ob sich der Becher Sahne noch lohnt, weil meine Restlaufzeit kürzer ist als seine.

Trotzdem wünsche ich jedem Menschen, dass er das erreicht, was man so als »gesegnetes Alter« bezeichnet. Es ist ja das Paradoxe, dass wir alle gerne alt werden, aber nicht alt sein wollen. Wobei das Alter, darauf schwöre ich jeden Eid, eine Frage der Relation ist, um nicht zu sagen: eine völlig relative Angelegenheit.

Wer jetzt an Schildkröten oder Grönlandhaie denkt, liegt zwar nicht falsch (Info am Rande: Der Grönlandhai erreicht seine Geschlechtsreife mit etwa 150 Jahren), aber das ist es nicht, was ich meine. Ich meine natürlich den Umstand, dass wir mit zunehmendem Alter feststellen, dass wir uns zu unserer eigenen Verblüffung längst nicht so alt fühlen, wie wir nach Eintrag im Standesamtsregister tatsächlich sind.

Vielleicht ist das auch nur eine ganz persönliche Betrachtung, aber ich habe es schon öfter gehört, gerne bei runden Geburtstagen: »Junge! Du wirst sechzig!«

»Schon verrückt. Fühlt sich gar nicht so an. Als mein Opa sechzig wurde …«

Ja, die Großeltern, die lebten auch noch in Zeiten, in denen die Herren Hüte und die Damen überknielange Röcke trugen, alles vornehmlich in Grau oder Braun, wenn's gewagt sein sollte, dann mal in Beige. Ob sie sich damals so alt gefühlt haben, wie sie waren, ist nicht verbürgt.

Es wäre zu simpel, zu sagen, man ist immer so alt, wie man sich fühlt. Das Alter ist ein Spiegelbild der inneren Befindlichkeit und der Umwelt. Wie sehe ich mich selbst, wie sehen mich die anderen? Verhalte ich mich wie ein jüngerer Mensch, so werde ich mich eher wie ein jüngerer Mensch fühlen. Behandeln mich alle wie einen Greis, hinterlässt das wahrscheinlich auch seine Spuren.

Wenn ich etwa meine letzte Ehe betrachte, dann war das geradezu ein Jungbrunnen. Keine Frage, ein jüngerer Partner gibt Auftrieb, gibt Schwung, bringt Energie in die Beziehung. Es joggt sich allerdings mit siebzig halt doch nicht mehr so leichtfüßig wie mit dreißig. Und die Getränkekästen werden auch von Jahr zu Jahr immer schwerer, um nur ein paar Beispiele zu nennen.

Deshalb plädiere ich dafür, dass man den Alten nur die Dinge zumutet, die ihnen helfen, das Alter zu vergessen, und die aufbauend für Körper, Geist und Seele wirken. Suchen Sie sich selbst aus, was das für Sie wäre. Die Gedanken sind frei (und bleiben es in diesem Buch).

Wenn Sie sich alt fühlen, denken Sie an den Grönlandhai. Verglichen mit ihm, sind Sie ein Baby – und das behaupte ich, ohne zu wissen, wie alt Sie sind. Oder denken Sie an Keith Richards von den Rolling Stones, der gesagt haben soll: »So alt, wie ich aussehe, kann ich nie werden.« Dabei rockt der gute Mann mit seinen Kumpels immer noch Arenen!

Wenn Sie sich über Ihr Alter grämen, machen Sie sich bewusst, dass Sie in Wahrheit nicht wirklich alt sind. Nicht nur im Vergleich zum Grönlandhai oder zu Keith Richards. Hier ein paar simple mathematische Wahrheiten:

- Meine Mutter ist fast hundert Jahre alt geworden. Einer ihrer letzten Liebhaber (muss man in ihrem Fall so sagen) war fast zwanzig Jahre jünger als sie. Aber wenn man dieses Paar gesehen hat, dann war er der alte Mann und sie die Powerfrau.
- Als ich meine letzte Frau kennenlernte, war sie 23, ich war 52. Das heißt, ich war mehr als doppelt so alt wie sie oder: Sie war mehr als 100 Prozent jünger! Inzwischen ist sie 45,

ich bin 74. Das heißt, sie ist nur noch um etwa 40 Prozent jünger. In zehn Jahren werden es nur noch 30 Prozent sein oder so. Sprich, der Abstand schmilzt. Vermutlich ist sie irgendwann wesentlich älter als ich.

- Im Mittelalter galt man mit Mitte vierzig schon als betagt und mit über fünfzig als Greis, wenn man überhaupt noch lebte. Die Menschen hatten einfach eine viel kürzere Lebenserwartung. Aus unserer heutigen Sicht waren sie allerdings jung, als sie starben.
- Denken Sie an die Raum-Zeit-Krümmung, an die Quantenphysik und an die Molekularbiologie! Ich führe das alles lieber nicht aus (weil ich es selbst nicht verstehe; aber es gibt auch da gewiss genügend Belege, dass Sie alles sind außer alt).

Die simple Wahrheit ist: »Das Alter« gibt es nicht. Sich das von Zeit zu Zeit bewusst zu machen, hilft gewaltig, wenn's gerade mal wieder schwerer wird, damit zurechtzukommen. Und denken Sie auch daran, was Burt Lancaster sagte: »Solange man neugierig bleibt, kann das Alter einem nichts antun!«

WÄRE ICH GERN EINE SCHILDKRÖTE?

Länger ist nicht gleich besser

Die Geschichte mit dem Grönlandhai hat mich nicht losgelassen. Ich gestehe, ich kann mich nicht entscheiden, ob ich diesen Koloss (er wird nämlich im ausgewachsenen Zustand bis zu 8 Meter lang!) beneiden soll oder nicht. Dass er bisher nicht sehr gut erforscht ist, spricht unbedingt dafür – wer will schon erforscht sein. Auch dass er mehrere hundert Jahre alt wird, ist eindeutig ein Pluspunkt. Obwohl ich schon gestehen muss, dass 150 Jahre warten bis zum Erreichen der Geschlechtsreife eine ziemlich lange Zeit sind. Und dann? Weitere hundert Jahre Pubertät? Vermutlich hat man auch das noch nicht herausgefunden.

Der Grönlandwal bringt es übrigens auf immerhin etwa 200 Jahre Lebenserwartung, ein Alter, das auch bestimmte Riesenschildkröten erreichen können. Charles Darwin hatte so ein Exemplar, das ihn locker um 150 Jahre überlebt hat. Eine Nördliche Venusmuschel namens Ming starb im Alter von 507 Jahren bei dem Versuch, sie zu bergen. Woher die mörderischen Forscher das Alter wussten, ist nicht bekannt. Woher sie ihren Namen wussten, übrigens auch nicht. Durchschnittlich wird so eine Muschel allerdings bloß gute 200 Jahre alt. Das alles ist nichts gegen das Alter, das bestimmte Schwammarten erreichen können. Sage und schreibe 11 000 Jahre alt soll ein Schwamm der Sorte Monorhaphis chuni sein. Man würde ihn gerne fragen, ob es sich lohnt, so alt zu werden. Aber Schwämme sind bekanntlich ziemlich einsilbige Zeitgenossen.

Im Ernst: Hätte man gerne den Untergang des Perserreichs erlebt, den Ausbruch des Vesuvs, die Völkerwanderung, den Dreißigjährigen Krieg und alle elenden Kriege, die danach kamen? Ich nicht. Man stellt sich ja immer so schön vor: Ach, den Jesus, den hätte ich aber gerne kennengelernt. Oder wenigstens Baron von Münchhausen. Aber wenn man sich klarmacht, wie schwer es schon ist, einen Termin beim TÜV zu bekommen, dann ist das wohl eher Träumerei.

Seien wir froh, dass es Zeiten vor uns gab und welche nach uns geben wird. Das erleichtert das Leben doch erheblich, auch weil man nicht für alles verantwortlich gemacht wird.

Nein, ich beneide keine Riesenschildkröte. Und das hat nicht nur etwas damit zu tun, dass sie noch mehr Falten am Hals hat als ich, sondern vor allem damit, dass sie zwar mehr Jahre auf Erden zubringen darf als ich, aber im Grunde doch auch nur das eine Leben hat. Und dieses eine Leben wird sie genauso lang empfinden, wie ich meines! Ich habe mal gelesen, der Mensch empfindet die ersten 18 Jahre seines Lebens als genauso lange wie den ganzen Rest. Ich kann das bestätigen. So ähnlich fühlt es sich tatsächlich an. Je älter man wird, umso schneller scheint das Leben zu vergehen. Vermutlich liegt es daran, dass wir als Kinder und Jugendliche noch ganz im Jetzt leben, während alles, was danach kommt, geprägt ist vom Blick zurück und vom Blick nach vorn. Dadurch wird das Hier und Jetzt auf einmal ganz klein. Hat man erst einmal ein paar Jahrzehnte auf dem Buckel, dann verfliegt das Leben geradezu. – Und jetzt stellen Sie sich vor, Sie wären ein Schwamm. Die letzten dreitausend Jahre müssen sich für den anfühlen wie ein Leben in Lichtgeschwindigkeit!

GUTE GENE, SCHLECHTE GENE?

Was noch in unseren Zellen steckt

Gelegentlich sieht man jemanden, von dem man sich denkt: Wahnsinn, wird der beziehungsweise die denn nie älter? Gerne heißt es dann: »Das sind die guten Gene.« Und man bleibt zurück und fragt sich: Gibt es die?

Ich denke, wir alle haben gute und schlechte Gene. Dass mancher von uns schon in der Schulbank mit angehender Glatze sitzt, ist meist nicht dem ungesunden Lebenswandel geschuldet, sondern dem familiären Erbe. Andere erfreuen sich bis ins hohe Alter eines Stoffwechsels, der sie unverdient jugendlich-schlank hält. Mancher trägt schon im Kleinkindalter eine dicke Brille, während manch anderer sich noch als Greis eines Adlerblicks erfreut. Natürlich gibt es das: eine genetische Prägung, die es uns leichter oder schwerer macht zu altern, die für einen beschleunigten oder einen langsameren Alterungsprozess sorgt. Was aber keine genetische Ursache hat, ist, wie wir uns selbst begreifen – es sei denn, wir lassen es zu.

Es ist nun einmal so: Wir brauchen uns nichts einbilden auf volles Haar, straffen Busen oder eindrucksvolle Potenz. Das gab's gratis. Und es wird einem womöglich ebenso unverdient wieder genommen. Wer vorher kein großes Aufheben davon gemacht hat, wird es später weniger schmerzlich vermissen.

Wenn ich als Mann täglich im Spiegel meine Haare zähle in der Hoffnung, dass es nicht wieder weniger sind, oder als Frau meine Zellulite-Dellen, dass es nicht mehr geworden sind, dann lasse ich zu, dass die genetische Veranlagung auch noch mein persönliches Empfinden bestimmt: Ich fühle mich alt, und das will ich nicht.

Man kann die Genetik auch ein Stück weit ignorieren, und ich plädiere dafür, es auch zu tun. Soweit es das Älterwerden betrifft, existieren wir gewissermaßen nebeneinander, meine Genetik und ich. Er (mein Körper) wird älter, während er (mein Geist) versucht, sich nicht darum zu scheren. Natürlich gelingt das nicht immer. Und manchmal erinnert einen die Genetik auch daran, dass der Geist willig ist und das Fleisch dennoch schwach. Wir alle sind nur Menschen, wie könnten wir dauerhaft ignorieren, dass der Fallrückzieher nicht mehr ganz so gut klappt wie noch vor fünfzig Jahren, oder dass die Liebesnacht oft schon um Mitternacht vorüber ist und nicht erst im Morgengrauen. Aber dann sage ich mir: Der Grönlandhai (er entwickelt sich mehr und mehr zu meinem Lieblingstier) ist noch nicht mal geschlechtsreif, da habe ich ihm wirklich was voraus – und einen ordentlichen Fallrückzieher wird er auch mit jugendlichen 300 Jahren nicht hinbekommen. Denn auch er muss mit bestimmten genetischen Beschränkungen leben.

Wir alle konnten besser schwimmen, als wir noch keine Landlebewesen waren. Dafür können wir heute besser laufen. Wir alle haben in jungen Jahren schneller und leichter gelernt.

Und so ist es mit allem: Jeder Fallrückzieher, jede Liebesnacht und alles, was wir im Laufe des Lebens gelernt haben, steckt in uns drin, ist ein Teil von uns – und es macht uns kostbarer! Die Genetik mag vorsehen, dass wir unsere Zellen nicht mehr so schnell erneuern wie früher. Aber dafür sind die guten alten Zellen voller Erinnerungen und Erfahrungen, sie sind von uns geprägt, sie sind nicht beliebig, und damit sind sie etwas ganz Besonderes.

ERSTAUNLICHE ERKENNTNISSE

Wie mir eine alte Frau über die Straße helfen wollte

Das Leben ist in den zurückliegenden Jahren für uns alle hektischer geworden, nicht zuletzt, weil man immer und überall erreichbar ist. Man kann kaum noch auf die Toilette gehen, ohne ein Dutzend WhatsApp-Nachrichten und mehrere Anrufe auf der Mailbox vorzufinden, wenn man wieder zurück ist. Was darunter oft leidet, ist die Konzentration auf das Wesentliche. Zum Beispiel auf den Straßenverkehr! Wie oft habe ich schon an der Ampel meinen Vordermann angehupt, weil er vor lauter ins Handy gucken beinahe die Grünphase verschlafen hätte. Aber auch ich selbst bin nicht gefeit vor solchen Aufmerksamkeitsdefiziten: Neulich stand ich an der Ampel, allerdings zu Fuß, und kam nicht in die Gänge, weil mir meine Tochter gerade eine wichtige Nachricht geschrieben hatte: »Papa! Lieber das Top in Pink oder das in Gelb? Guck mal die Fotos.« Dazu einige Bilder, die ich alle erst einmal studieren musste.

»Die Fußgänger-Ampel ist grün, eigentlich sollten wir jetzt gehen! Brauchen Sie Hilfe?«, fragte mich eine Frau, die neben mir an der Ampel stand.

Entscheidungshilfe hätte ich durchaus brauchen können. Denn ob meine Tochter das Oberteil nun in Bonbon- oder in Limofarbe kaufen würde, war mir offen gesagt völlig gleichgültig. Doch das hatte die Dame gar nicht gemeint – wie ich nun feststellte, eine ziemlich alte Dame. Sie lächelte mich freundlich an und zwinkerte hinter ihren Brillengläsern, sodass ich unvermittelt ein wenig an Miss Marple denken musste. Sicher war sie zehn Jahre älter als ich. Charmant geschätzt. Es hätten auch zwanzig sein können. »Ich helfe Ihnen gerne rüber«, erklärte sie und deutete auf die Ampel auf der gegenüberliegenden Straßenseite, die zwischenzeitlich wieder auf Rot gesprungen war.

»Ach so! Über die Straße? Nein, danke. Aber nett von Ihnen.«

»Klar doch«, sagte sie. »Man muss sich doch unterstützen und Sie schienen mir gerade ein wenig überfordert.«

Eine Erkenntnis, die dazu führte, dass ich ihr wenig später anbot, ihre Einkaufstasche zu tragen. Und dass ich darüber nachdachte, was mir das übers Älterwerden sagen wollte. War ich ein wenig überfordert?

Im Grunde steckte in dem Angebot der alten Dame eine ganz außergewöhnliche und dabei doch einfache Erkenntnis: Es mag sein, dass man immer so alt ist, wie man sich fühlt. Aber vor allem ist man so alt, wie man sich verhält! Denn die Frau hatte ja mit ihrer Frage an mich eine klare Haltung zum Ausdruck gebracht: Ich bin jung genug, jemand meine Hilfe anzubieten.

Und in der Tat ist das eine Methode, mit dem Älterwerden umzugehen, die mir gefällt: Das Alter nicht als etwas Biologisches oder etwas Psychologisches zu betrachten, sondern als etwas Weltanschauliches!

Wir haben keinen Einfluss auf unser biologisches Alter. Wir haben nur begrenzt Einfluss auf unsere psychische Verfassung. Aber wir haben jederzeit die uneingeschränkte Lufthoheit über unsere Haltung zu allen Fragen und Dingen des Lebens – auch zum Älterwerden. Das hat mir die alte Dame vor Augen geführt. Vermutlich hilft sie gerade ihren Enkelkindern bei den Trigonometrie-Hausaufgaben, besucht einen Jiu-Jitsu-Kurs oder plant ihre nächste Weltreise. Eine Frage wie »Kann ich das in meinem Alter noch?« oder »Lohnt sich das überhaupt noch für mich?« würde sie wohl nie stellen. Denn man ist nicht immer notwendigerweise so alt, wie man sich fühlt. Aber man ist so alt, wie man sich verhält. Alter ist eben eine Frage der Einstellung.

GENERATION HIGHTECH

Von Treppenlift bis Hörgerät

Gelegentlich treffe ich meinen alten Freund Thomas. Er ist zwanzig Jahre jünger als ich, aus meiner Sicht also noch ziemlich jung. Allerdings muss ich fairerweise anmerken, dass er trotzdem schon einiges erreicht hat in seinem Leben. Dinge wie Familie, Firma, Haus ... Der Mann ist erfolgreich! Aber wenn ich ihn frage, welches Modell sein neues iPhone ist, dann zuckt er nur die Achseln. Und wenn wir gemeinsam im Auto unterwegs sind, bittet er mich, das Navi zu bedienen.

Das hat mir zu denken gegeben. Wir sprechen heutzutage gerne von der Generation analog und der Generation digital, den sogenannten »Digital Natives«, den in die digitale Welt Hineingeborenen. Ob das so richtig ist, wage ich zu bezweifeln. Mag schon sein, dass es Älteren oft schwerer fällt, sich mit der neuesten Technik vertraut zu machen. Meiner Beobachtung nach aber tun sie es – und sie tun es immer öfter und unbefangener!

Vielleicht liegt es eben gar nicht an den Alten, dass man ihnen so oft ein gewisses technisches Talent nicht zutraut, sondern nur am Angebot. Sehen wir uns doch mal um:

Während die meisten jungen Menschen auch heute noch fleißig strampeln, setzt sich das E-Bike in der Zielgruppe jenseits der fünfzig zunehmend durch. Wenn heute irgendwo ein geölter Blitz um die Kurve saust, dann ist es wahrscheinlich ein Rentner auf dem Weg zur Physio oder eine Omi unterwegs zum Friseur.

Nicht nur das: Die Alten heute sind ja mitunter die reinsten Cyborgs. Sie kennen das Wort nicht? Dann bitte mal rasch googeln: »Der Begriff Cyborg (eingedeutscht auch Kyborg)«, so sagt uns Wikipedia, »bezeichnet ein Mischwesen aus biologischem Organismus und Maschine. Zumeist werden damit Menschen beschrieben, deren Körper dauerhaft durch künstliche Bauteile ergänzt werden. Der Name ist ein Akronym, abgeleitet vom englischen *cybernetic organism* (›kybernetischer Organismus‹).«

Also bitte: Wer würde sich damit ab einem gewissen Alter nicht gemeint fühlen? Wer nicht wenigstens eine Brille trägt, ein Hörgerät, eine künstliche Hüfte, einen Herzschrittmacher oder sonst irgendein cooles Bauteil zur Steigerung der persönlichen Leistungsfähigkeit oder des individuellen Wohlbefindens, der kann ja wohl kaum den nötigen Reifegrad erreicht haben, um sich zu den »Älteren« zu zählen. Nein, die Wahrheit ist, dass wir fast alle irgendwann vom banalen biologischen Wesen zum Cyborg mutieren. Aber Achtung: »Da Cyborgs technisch veränderte biologische Lebensformen sind, sollten sie nicht mit Androiden oder anderen Robotern verwechselt werden.« Wikipedia hat recht, wir bleiben natürlich dennoch Menschen. Menschen mit Erfahrungen und Talenten. Auch technischen Talenten, die oft durch unser Cyborg-Dasein zusätzlich trainiert werden. Wer eine Insulinpumpe beherrscht, beherrscht im Grunde auch die Relativitätstheorie. Wer ein E-Bike bedienen kann, kann vielleicht auch ein interstellares Raumschiff manövrieren. Letztlich sind das doch nur graduelle Unterschiede.

Die Alten von heute sind die Technik-Freaks der Gegenwart. Da kann die Generation digital einpacken! Das Alter kommt längst einer Lehre in Alltagsmechatronik gleich. Wer in die Jahre kommt, muss wissen, wie man einen Treppenlift beherrscht, ohne dass er zum Schleudersitz wird. Oder wie man den elektrisch bedienbaren Fernsehsessel steuert, ohne von ihm zu einem Club-Sandwich zusammengeklappt zu werden.

Nun ist sicher nicht jede und jeder so technikaffin, wie ich das seit jeher bin. Mir macht das einfach Spaß, an den neuesten Geräten und Programmen zu tüfteln. Hat es schon immer. Die Zeiten haben sich geändert! Wir chatten und zoomen, wir posten und twittern, wir legen Profile an und Hemmungen ab. Touch-Screen, Spracherkennung und User-to-user-Verschlüsselung sind heute Standard für Menschen jenseits der Lebensmitte. Und falls sie es tatsächlich im Einzelfall nicht sind, dann hat das einen guten Grund: Die oder der Betreffende möchte es einfach nicht! Denn auch das muss erlaubt sein, dass man sich nicht jede Mode antut, nicht jeden Unsinn mitmacht oder ganz einfach mal mit mildem Lächeln zuguckt, wie die nächste Sau durchs Dorf getrieben wird – ohne dass man selber mitläuft. So geht es mir momentan noch mit dem E-Bike. Schnell und cool sind die. Aber ich liebe nun einmal mein gutes altes Rad. Es hält mich fit und macht Spaß. Na ja, und meinen Porsche liebe ich ehrlich gesagt auch.

ERSTE LETZTE DINGE

Alles bleibt im Fluss

Ein Schlüsselerlebnis des Älterwerdens war für mich die Trennung von meiner Ehefrau. Und ich hatte mir Mühe gegeben, ein guter Ehemann zu sein. Trotzdem ging diese Ehe in die Brüche – und ich fiel in ein tiefes Loch. Mit jenseits der sechzig noch mal Single zu werden, das lässt einen schon daran zweifeln, ob man es noch einmal zu einer Partnerschaft bringen wird. Ob man sich noch einmal neu verlieben, ob man jemanden finden wird, mit dem man sein Leben teilen möchte – und der das auch umgekehrt tun will. Und man fängt plötzlich an, sich klarzumachen, wie vieles es in der Zukunft nicht mehr für einen geben wird. Schon mangels Zukunft!

Mich hat das schrecklich runtergezogen, ich habe mir da unendlich selbst leidgetan. Wer so etwas nie erlebt hat, wird es vielleicht nicht verstehen. Wer es erlebt hat, weiß vermutlich genau, wovon ich erzähle. Dabei war die Sache mit der Partnerschaft bloß ein Auslöser. Bei anderen sind es andere Dinge: Man zerreißt sich die Bänder und erfährt, dass man nie wieder richtig Skifahren wird. Man trägt seine Mutter zu Grabe und erkennt, dass man sich nie wieder von ihr erziehen lassen muss. Man bekommt die Diagnose Typ-2-Diabetes und weiß, dass die Zeiten, in denen man ungestraft ein zweites Bier bestellen oder in die Pralinenschachtel greifen durfte, vorbei sind. Unwiederbringlich.

Und dann passiert etwas, womit man gar nicht gerechnet hat. Jemand sagt zum Beispiel: »Schicken Sie mir einfach ein Fax.«

Ein Fax? Wann habe ich denn um alles in der Welt zum letzten Mal ein Fax geschickt? Schickt überhaupt noch irgendjemand Faxe? Benutzt jemand noch Telefonzellen? Schickt irgendwer Telegramme, wie man es früher tat, wenn es ganz schnell gehen sollte? Nein. Denn das Leben verändert sich. Und mit dem Leben verändern wir uns. Wir mögen älter werden, aber zugleich werden wir immer moderner. Jede und jeder von uns! Selbst diejenigen, die sich für altmodisch halten, sind in einem unablässigen Veränderungsprozess.

Trotzdem, Tatsache ist: Wir alle machen immer wieder Dinge zum letzten Mal. Das betrifft sogar liebgewonnene Dinge. In meinem Fall etwa, ab und zu in die Disco gehen, einen über den Durst trinken und tanzen, bis der Arzt kommt. Mache ich nicht mehr. Allein die Blicke und Bemerkungen der unter dreißigjährigen Mitbesucher empfände ich als tödlich verletzend. »Was will der Alte hier?«

Ich blickte auf die Dinge mit heiterer Melancholie zurück, die oft meine Wochenenden begleitet haben und nun nicht mehr sind. Möglich ist ja, dass das letzte Mal doch nicht das letzte Mal gewesen ist. In der Liebe oder in der Freundschaft. Falls doch, haben es die betreffenden Dinge, Gepflogenheiten und vor allem Menschen gewiss verdient, dass ich ihnen mit heiterer Melancholie ein wenig hinterhertrauere. Aber eben nur noch ein wenig. Denn es kommt ja Neues. Jeden Tag!

Achten Sie beim nächsten Einkauf darauf, wenn Sie im Supermarkt von einer freundlichen Mitarbeiterin oder einem Mitarbeiter abkassiert werden, wenn Ihnen im Hotel jemand einen Schlüssel über die Theke reicht oder wenn Sie außerhalb einer Ortschaft an eine Ampel kommen – es könnte das letzte Mal gewesen sein! Ampeln außerhalb von Ortschaften sterben aus, Hotelschlüssel auch – und leider sogar Kassiererinnen und Kassierer, die das Einkaufen zu etwas Persönlichem gemacht haben. Dafür gibt es auf einmal überall Kreisverkehre, Hotelkarten und Bezahlterminals. Wir werden darüber hinwegkommen. Wir sind auch darüber hinweggekommen, dass es keine Tankwarte, keine Videotheken und keine von Verkehrspolizisten geregelten Kreuzungen mehr gibt. Wer ständig darüber nachdenkt, was es in seinem Leben nicht mehr geben wird, der muss viel nachdenken und wird wenig glücklich sein. Wer dagegen darüber sinniert, was er wohl noch alles Aufregendes wird erleben dürfen, für den bleibt die Welt ein Wunder!

EIN SAAL VOLLER LEBENSLUST UND WEISHEIT

Das Weltwissen der Achtzigjährigen

Früher war's bisweilen so, dass man »die Alten« geehrt hat. In manchen Kulturen ist es heute noch so. Da käme keiner auf die Idee, sich über alte Menschen lustig zu machen oder sie gering zu schätzen. Davon können wir in unserer Zeit und in unserem Kulturkreis nur träumen. Für viele Jungen sind die Älteren oft eine Belastung. Bis sie dann selber älter und zur Belastung geworden sind.

Manchmal wünschte ich, einige von diesen Jungen würden ihre Eltern oder Großeltern in eine meiner Lesungen begleiten und sie beobachten. Denn tatsächlich kann man auch von Zuhörern, vom Publikum viel lernen – selbst ich, der ich schon so viele Lesungen gehalten und Bühnenauftritte absolviert habe, lerne an diesen Abenden.

Gerade wenn es um das Thema Älterwerden geht, stelle ich immer wieder fest, dass es eine Art unsichtbares Band gibt, das die Zuhörerinnen und Zuhörer im Saal verknüpft. Allerdings ist es nicht in erster Linie Melancholie oder Nostalgie, die uns verbindet, sondern es ist Erkenntnis, verbunden mit Humor: Selbsterkenntnis und Selbstironie, um genau zu sein. Wir alle haben ähnliche Probleme, machen ähnliche Erfahrungen, wissen, was die anderen fühlen, weil es uns genauso geht. Das führt dazu, dass wir Trost finden in dem Wissen, nicht allein zu sein. Aber oft ist es auch das milde Lächeln über die eigenen Unzulänglichkeiten oder – am wichtigsten – die Erkenntnis, dass alles halb so schlimm ist. Nicht nur, weil geteiltes Leid, halbes Leid ist, sondern auch, weil manches, was man in der Jugend als Leid betrachtet hat, sich im Alter als halb so schlimm erweist.

Ältere Menschen haben viel erlebt, vieles erlitten. Sie haben genügend Fehler gemacht in ihrem Leben, um nicht mehr in jeder Kleinigkeit eine epochale Niederlage zu sehen. Sie haben gekämpft, manchmal auf verlorenem Posten, manchmal siegreich und glanzvoll. Die Alten wissen einfach, wie es läuft! Und das drückt sich in ihren Reaktionen aus. Es wird viel gelacht, es kommt auch mal nach der Lesung zu einem kleinen Gespräch, in dem sich schnell herausstellt, dass es egal ist, ob man Schauspieler oder Friseurin ist, Metzger oder Sachbearbeiterin: Am Ende haben wir doch alle einen Ischiasnerv, der zwickt, ein Hörgerät oder die Sorge, morgens nicht mehr aus dem Bett zu kommen. Am Ende wissen wir, dass wir nicht alles regeln können, dass man manches hinnehmen muss, ob man will oder nicht, und dass das Leben endlich ist.

Wer es nicht mit einem Lachen nehmen kann, kommt unter die Räder. Wer sich damit arrangiert, hat seine Lektion gelernt.

Das ist es, was für mich das Weltwissen der Achtzigjährigen ausmacht: Alles etwas abgeklärter betrachten zu können und zu wissen, es gab ein Leben vor mir – es wird ein Leben nach mir geben –, aber hier und jetzt hätte ich gerne ein bisschen Spaß. Ja, ich liebe diese Lesungen. Ich sitze vor einem Saal voll Lebenslust und Weisheit. Und wenn ich Glück habe, färbt von beidem ein winziges Bisschen auf mich ab.

MEHRGENERATIONENHAUS

Kann klappen, muss aber nicht

Wer die Yellowpress ein wenig verfolgt hat, kennt vermeintlich meine jüngere Vergangenheit. Wer meine Bücher gelesen hat, auch. Ich war bis vor einigen Jahren mit einer jüngeren Frau verheiratet. Wir haben zwei gemeinsame Kinder, über die ich sehr glücklich bin. Die Konstellation hat es mit sich gebracht, dass wir praktisch unbeabsichtigt in einem Mehrgenerationenhaus gelebt haben: Da war meine Frau, da waren die Kinder und der Altersunterschied.

Hat das Probleme mit sich gebracht? Was für eine Frage! Wer Kinder hat, weiß, dass schon das Zusammenleben zweier Generationen eine gewaltige Herausforderung ist. Kinder sind ja so etwas wie die Asozialen, die halt auch im Haushalt mit dabei sind – (nicht ernst gemeint, keine Sekunde wollte ich sie missen). Das sind sie natürlich nicht. Aber sie sind schon sehr eigen. Meine zumindest waren es. Aber wenn ich mich mit Freunden über Kinder unterhalten habe, hatte ich immer das Gefühl, dass es so etwas gibt wie einen Zusammenprall der Kulturen: Hier die Vernünftigen, die alles kommen sehen und vorsorgen möchten. Dort die Kamikazepiloten, die einfach nur wie unkontrollierte Geschosse durchs Leben jagen. Rücksichtnahme? Fremdwort.

In meinem Fall kam hinzu, dass es nicht nur meine Bedürfnisse gab (ein schönes Haus, ein gepflegter Garten, faire Verabredungen, wer den Hund rausbringt oder wer das Geschirr ausräumt) und die meiner Kinder (mehr Party, weniger Hausaufgaben, mehr Cola, weniger Generve, mehr Taschengeld, später ins Bett ...), sondern auch die meiner Frau. Und die waren manchmal ganz anders. Kurioserweise deckten sie sich ab und zu, obwohl sie sehr speziell waren, im Ergebnis zeitweise mit denen der Kinder.

Nun ist es legitim, dass eine Frau von sagen wir Mitte dreißig öfter um die Häuser ziehen will als ein Mann von sagen wir Anfang sechzig. Und es ist klar, dass Kinder mehr Remmidemmi brauchen als alle jenseits der Volljährigkeit. Aber gibt es ein Naturgesetz, das besagt, dass der Älteste der Familie die Kinder vom Sport abholen muss? Dass außer Technomusik im Haus nichts zu hören sein darf? Dass der einzige Ort, an dem man seine Ruhe haben kann, das Klo ist (vorausgesetzt, es ist zufällig mal frei)?

Manchmal denke ich, das war früher besser. Da haben auch mehrere Generationen in einer Familie zusammengelebt. Und die Alten wurden respektiert. Was die gesagt haben, galt. Danach hatten sich die Jüngeren zu richten. Nicht, dass ich es mir so zurückwünschte. Doch generell war diese Idee, dass dem Alter ein gewisser Respekt zu zollen ist, nicht schlecht. Denn erstens honoriert sie eine Erfahrung als etwas für das Leben Wichtiges und Lehrreiches. Und zweitens führt sie dazu, dass mit zunehmendem Alter ein wenig rücksichtsvoller mit den Menschen umgegangen wird.

Man muss ältere Menschen sicher nicht mit Samthandschuhen anfassen. Die meisten haben genug erlebt, um gut klarzukommen mit den Anfechtungen des Alltags.

Wo es mehr Generationen gibt, die beisammenleben oder einander doch zumindest nah sind, da wäre es am schönsten, man würde einander – auch und gerade, weil man so unterschiedlich ist – als Bereicherung begreifen.

Ich kann es nur empfehlen, generationenübergreifend in einem Haushalt zu leben. Es ist für die Jüngeren gut, weil sie jemanden mit Ahnung vom Leben bei sich haben. Und es ist für die Älteren gut, weil sie nicht zurückbleiben, sondern mittendrin sind. Und wer wäre das nicht gern: mittendrin im Leben.

ROLLSTUHL ODER ROLLER?

Warum wir uns aus alten »Roll«-Models befreien müssen

Lange wusste ich nicht, wie alte Menschen so sind – hierzulande. Das hing damit zusammen, dass ich immer das Beispiel meiner eigenen Mutter vor Augen hatte. Die wurde zwar älter, aber sie blieb dennoch ganz sie selbst. Das heißt: Sie trug bis ins hohe Alter grelle Farben, schminkte sich, als hätte sie gleich noch ein heißes Date, genoss es, auf Partys zu gehen. Natürlich hat auch sie mit dem Alter an Falten zugelegt und an Trinkfestigkeit nachgelassen. Aber das war graduell – vor allem Letzteres.

Ich bin also erst spät darauf gekommen, dass viele Menschen ab einem gewissen Alter beginnen, sich wie »alte Menschen« zu geben, zu kleiden und entsprechend auch zu fühlen. Zumindest früher war das so. Es hat sich aber geändert. Ob meine Mutter dafür mitverantwortlich war, wage ich zu bezweifeln. Was ich aber feststelle, ist, dass Siebzig das neue Fünfzig ist. Und Fünfzig das neue Vierzig. Menschen fühlen sich heute jünger. Und falls sie es nicht tun, so geben sie sich doch häufig, als täten sie es. Erstaunlich ist, dass das durchaus Wechselwirkung zeitigt. So, wie man sich als Teenager älter fühlte, wenn man aus den kurzen in die langen Hosen gewechselt hatte und vielleicht sogar lässig eine Kippe im Mundwinkel hielt, so fühlt man sich im fortgeschrittenen Alter jünger, wenn man trotzdem Jeans trägt oder statt Sakko ein Sweatshirt. Man ist nämlich nicht nur so alt, wie man sich fühlt, sondern auch so alt, wie man sich gibt! Jedenfalls meine Beobachtung. Klar, man kann es übertreiben. Männer ab einem gewissen Alter sollten nicht mehr unbedingt mit Muscle-Shirt unterwegs sein. Über Frauen möchte ich in dem Zusammenhang nichts sagen, schon weil ich keinen Ärger möchte und auch, weil Frauen bekanntlich immer und alles tragen können (ich erinnere in dem Zusammenhang an meine Mutter).

Aber auch sonst! Es geht ja nicht nur um Äußerlichkeiten. Sieht man sich den Altersdurchschnitt beim letztjährigen Berlin-Marathon an: Respekt! Und auch wenn man sich den rapide steigenden Altersdurchschnitt der Social-Media-Nutzer vor Augen führt: Alle Achtung! Tinder war ja mal was für die Youngsters, die in dem Alter waren, in dem man nichts anbrennen lassen möchte. Abgesehen davon, dass ich mir nicht mehr sicher bin, welches Alter das nochmal war, stelle ich fest, dass diese Plattform für schnelle Zweisamkeit inzwischen geradezu von den Best Agers übernommen worden ist.

Mein Freund Paul (den Namen habe ich natürlich geändert) etwa lässt keinen Zweifel daran, dass ihm Tinder nach der Trennung von seiner Frau mehr Selbstbewusstsein verschafft hat als die zwei Dutzend Therapiestunden bei der Psychologin. Zumal jede dieser Stunden genauso viel gekostet hat wie die netten Einladungen, die er bei seinen Dates mit dem größten Vergnügen ausgesprochen hat. Dass er am Ende die Psychologin geheiratet hat, ist nur eine der wirklich schönen Pointen, die das Leben manchmal schreibt.

Ehrlich gesagt, hatte ich nie daran gedacht, mir diese App zuzulegen. Man stelle sich vor, Sky du Mont alias »Santa Maria« erscheint mit seinem Profil auf Tinder. Ich würde mich der absoluten Lächerlichkeit preisgeben! Die drei Wörter »dirty«, »old«, »man« würden in diesem Fall zu Recht angewandt. Und so schwebt dieses Damoklesschwert über jedem älteren Mann dieses Planeten. Die Wahrheit ist doch, dass wir alle zwar älter werden, dass das aber nicht bedeutet, wir hätten keine Bedürfnisse mehr – egal ob Mann oder Frau. Jede und jeder von uns hat ein Recht darauf, im höheren Alter Wünsche ans Leben zu haben. Manche dieser Wünsche ändern sich, andere ändern sich nicht, manche verschwinden, andere kommen hinzu.

Nehmen wir meinen alten Freund Otto Waalkes. Jeder kennt ihn, jeder liebt ihn. Otto war sich als junger Mann nicht zu schade, sich zum Deppen zu machen, und hat damit allen den Spiegel vorgehalten – dafür haben ihn alle geliebt. Und er ist sich auch heute mit über siebzig nicht zu schade dafür. Immer noch lieben ihn alle. Manche sagen ja, Otto spiele immer nur sich selbst. Aber auch wenn das so wäre, was für eine Leistung! Denn genau das ist es, worauf es im Leben ankommt. Dafür muss man kein

Schauspieler sein und kein Comedian. Man muss nicht einmal berühmt sein. Nur klug, so wie Otto.

Das Alter mag mit gewissen Einschränkungen verbunden sein, für jede und jeden von uns. Es sind nicht bei allen die gleichen. Bei den einen schmerzt das Knie, bei den anderen klappt's mit dem Hören nicht mehr so und hier und da spielt der Kreislauf nicht mit. Na und? Müssen wir uns deshalb festlegen lassen auf gedeckte Farben und heimliche Träume?

Ich finde nein: Ältere Menschen müssen nicht vorgeschriebenen Rollenklischees entsprechen. Wir haben die Zeiten überwunden, in denen ab sechzig nichts mehr ging. Sechzig? Da lache ich, das sind die reinsten Kiddies. Aber Achtung: Wenn die erst einmal auf die siebzig zugehen, werden sie schauen, was noch alles abgeht. Vorausgesetzt, sie wollen das.

Wir müssen lernen, unsere eigenen Rollen zu spielen: uns selbst! Nicht irgendwelchen Drehbüchern zu folgen, die uns Konventionen vorschreiben. Denn das sind Moden. Und Moden haben es an sich, dass sie irgendwann überholt sind. Wir sind der Zeit voraus. Und das bedeutet, wir wissen, wo es langgeht. Wir schreiben uns unsere Drehbücher selber. Zufall, dass ich das als Schauspieler sage? Vielleicht. Aber eigentlich würde ich es eher anders nennen: Erkenntnis.

VORBILDER

Warum ich mir stets neue suche

Je älter ich werde, umso deutlicher wird mir klar, dass man sich in jedem Alter Vorbilder suchen sollte. Wir denken oft, dass jüngere Menschen sich ein Vorbild nehmen sollten. Aber meiner Meinung nach ist das nicht immer richtig.

Ich kenne alte und junge Menschen, die man sich nicht als Vorbild nehmen sollte. Und ich nehme mich da gar nicht aus. Von meinen Kindern wünsche ich mir nicht ohne Grund, dass sie vieles besser machen werden als ich. Nun ja, sagen wir: wenigstens einiges. Zweitens gibt es unglaublich viele Menschen, die viel jünger sind als man selbst und die großartig als Vorbild dienen könnten.

Über Keith Richards habe ich schon geschrieben. Er sei mein Vorbild beim morgendlichen Blick in den Spiegel. Wenn ich meine Falten zähle und mich frage, wieso ich älter aussehe, als ich mich fühle, dann will ich mich in Zukunft daran erinnern, dass es Menschen gibt, die solchen Fragen mit einer gewaltigen Portion Selbstironie gegenüberstehen, wie auch zum Beispiel Jeanne Moreau, die zu diesem Thema meinte: »Falten machen einen Mann männlicher, eine Frau älter!«

Wenn ich mich frage, ob ich mir ein bestimmtes Projekt wirklich noch antun möchte, ob es die Plackerei wert ist oder ob ich nicht doch lieber ein paar Stündchen mehr auf dem Liegestuhl im Garten verbringen sollte, denke ich an Clint Eastwood. Der Mann dreht auch jenseits der achtzig noch einen Film am anderen, manche nur als Regisseur, andere auch als Schauspieler, dann wieder schreibt er ein Drehbuch, mitunter macht er alles zusammen. Wo nimmt er die Kraft her? – Ich denke, entscheidend ist, dass er sich Fragen wie »Will ich mir das wirklich noch antun? gar nicht erst stellt. Er würde wahrscheinlich eher fragen: »Habe ich Lust auf das Projekt?« Und wenn die Antwort lautet: »Ja!«, dann macht er es. Ganz nach dem Motto: Älter werde ich später.

So hat Marianne Koch ihr letztes Buch genannt. Toller Titel. Tolle Frau. Sie ist klug und begabt, dass ich mich kaum traue, sie als Vorbild zu nennen. Aber sie ist es! Man könnte viele Gründe anführen. Aber eines beeindruckt mich bei ihr am allermeisten: Sie ist immer auf der Höhe der Zeit geblieben, auch wenn das viel Arbeit bedeutete. Selbst im fortgeschrittenen Alter hat diese Ärztin, die ja mal eine überaus erfolgreiche Schauspielkollegin war, noch die aktuelle Fachliteratur studiert – und tut es noch. Aufhören? Können andere. Ausruhen? Wovon? So erscheint mir das. Ich nehme sie mir als Vorbild und wünsche mir, dass sie es noch sehr lange bleiben wird.

Vivienne Westwood war auch ein großartiges Vorbild, und zwar für den Mut zum eigenen Stil! Die Frau hat einfach ihr Ding gemacht und sich nicht darum geschert, wie andere sie sehen wollten. Das ist etwas, das gerade im Alter wichtig ist: bei sich selbst zu bleiben.

Manchmal brauchen wir Vorbilder, Menschen, die in unseren Augen das geschafft haben, woran es uns gerade mangelt oder was von uns gerade verlangt wird. Sie geben uns das nötige Selbstvertrauen, es ebenfalls zu schaffen. Solche Menschen will ich mir suchen für die täglich Portion Mut, Gelassenheit, Lebensfreude, Selbstironie und Trost.

SEX IM ALTER

Ein Tabuthema? Nein!

Sex interessiert uns immer, egal ob wir welchen haben oder nicht, ob er gut ist oder schlecht, viel oder wenig. Er zählt ganz einfach zu den Grundbedürfnissen des Menschen wie Essen, Trinken oder Schlafen. Und das gilt auch für Sex im Alter!

Wie groß das Bedürfnis nach Sex im Alter ist, zeigt schon eine schnelle Recherche im Internet. Allein die Bücher, die sich damit befassen, füllen Dutzende von Seiten in den Online-Portalen der Buchhändler. Dabei überbieten sich viele Titel mit originellen Titeln. Das reicht von »Amor altert nicht« über »Herbst in der Hose« bis »Da kann ja jede kommen« …

Natürlich wird über Sex im Alter jede Menge geschrieben. Dabei ist meine Beobachtung, dass es viele Missverständnisse gibt. Zunächst einmal muss man das Thema nicht problematisieren, nur weil die Beteiligten älter werden. Wenn es gut klappt, klappt es gut, egal welches Geburtsdatum im Pass steht. Wenn es nicht gut klappt, dann hat es nicht unbedingt etwas mit dem Alter zu tun! Mir scheint, in vielen Veröffentlichungen zum Thema schwingt eher die Angst der (jüngeren) Autorinnen und Autoren mit, dass die lustigen Zeiten vorbei sein könnten, wenn man so langsam in die Jahre kommt. Nach dem Motto: Sex ist was für die Jugend. Da tanzen die Hormone, da geht die Post ab, da wird die Nacht zum Tag gemacht, und die Tage, nun ja, sind schließlich auch jederzeit gut dafür. Tolle Zeit.

Aber heißt das im Umkehrschluss, dass Schluss ist mit lustig? Entwarnung! Liebe Jüngere: Es gibt auch ein Liebesleben nach der Lebensmitte! Man muss es freilich zulassen beziehungsweise sich darauf einlassen. Aber ob man das tut oder nicht, hat nichts mit dem Alter zu tun. Mag sein, dass sich manche und mancher unsicherer fühlt, wenn der Körper nicht mehr ganz so knackig ist wie ehedem. Aber, hey, dann geht man doch lieber ins Fitnessstudio, als auf Sex zu verzichten, oder?

Ich behaupte sogar, erst ab einem gewissen Alter macht es richtig Spaß. Es kommt einfach irgendwann die Zeit, in der man weiß, wie es geht oder gehen sollte. Leider fällt diese Phase meist mit derjenigen zusammen, in der man für nichts mehr Zeit hat und schon gar keine Energie. Wer hat denn bitte schön mit vierzig oder fünfzig ein erfülltes Sexualleben gehabt? Da gibt es so unendlich viel, was an einem zerrt, beruflich und familiär, und dann ist es kein Wunder, dass manchmal nichts oder nur wenig läuft …

Ich denke da an das Vorurteil mancher Frauen: »Gott gab Männern einen Penis und ein Gehirn, allerdings nicht die

Möglichkeit, beides gleichzeitig mit Blut zu versorgen.« Möglicherweise ist da was dran.

Erst wenn dieser ganze Lebensmitte-Wahnsinn langsam überstanden ist, wenn man sich nicht mehr um Karrierefragen kümmern muss, wenn das Geld hoffentlich nicht mehr so knapp ist, wenn vielleicht die Kinder aus dem Haus sind, dann kommt die Zeit, in der man sich endlich wieder ganz entspannt und ohne Druck auf ein erfüllendes Liebesleben einlassen kann. Sicher, die Potenz lässt vielleicht nach, der Busen ist vielleicht nicht mehr ganz so straff, beide Partner überbieten sich in Zellulite, der Bauch drängt nach vorne, der Po nach unten … Und jetzt unterscheiden sich die Klugen von den Unklugen!

Die Unklugen geben auf. Sie betrachten es als Schicksal, dass nichts mehr geht. Sie halten sich für nicht mehr attraktiv oder fit genug.

Und die Klugen? Die besinnen sich auf ihre Qualitäten! Wer nicht mehr so hart mit sich ist, kann umso zarter sein.

Sex im Alter ist ein Geschenk, das wir geben und uns nehmen dürfen, ganz ohne Leistungsdruck.

In diesem Sinne: Ab in die Kiste!

KÜSSEN NICHT VERGESSEN!

Oder: Es muss nicht immer Sex sein

Nachdem ich mich getraut habe, etwas zum Sex im Alter zu schreiben, will ich jetzt aber doch auch eine Lanze für die kleine wichtige Schwester des Themas brechen: die Zärtlichkeit. Was mir nämlich auffällt, ist, dass viele von uns mit den Jahren vergessen, einander die kleinen Zeichen der Zuneigung zu zeigen, die doch so wertvoll sind! Wie oft sieht man ein älteres Paar händchenhaltend durch den Park spazieren? Wie oft sieht man jemanden, der dem Teenageralter entwachsen ist, sich in aller Öffentlichkeit küssen? Stattdessen: Sie sitzt beim Fernsehen in der linken Sofaecke, er in der rechten. Draußen schlendern beide nebeneinanderher und gucken vor sich hin … Schon klar: Man hat sich im Laufe vieler Jahre hinreichend angehimmelt, man muss nicht mehr jeden Moment verliebt in die Augen des anderen gucken. Man hat sich aneinander gewöhnt, man weiß auch so, dass man zusammengehört. Das mag schon alles so sein. Aber meine Erfahrung ist, dass man nicht weniger Zuneigung braucht, je älter man wird – wenn Sie mich fragen: eher mehr.

Jetzt aber mal ein paar Fakten. Beim »Online Arzt und Apothekenservice« doctorabc.com habe ich gelesen: »Indem uns Küsse in einen positiven Stresszustand versetzen, bringen sie auch unseren Kreislauf in Schwung. Ihr Herz schlägt beim Küssen bis zu 150-mal pro Minute, was zudem die Pumpleistung trainiert und verbessert. Die Durchblutung wird angeregt und die Sauerstoffversorgung erhöht. Sie atmen intensiver und, mit 60 statt gewöhnlichen 20 Atemzügen pro Minute, auch deutlich schneller.«

Man muss es nicht googeln, man weiß es eigentlich ganz von allein. Küssen beugt Herz-Kreislauf-Erkrankungen vor, es stärkt das Immunsystem, es verbrennt Kalorien, baut Stress ab, senkt den Blutdruck … angeblich kann es sogar Falten glätten! Keine Frage: Küssen ist gesund. Schmusen generell! medizinpopulaer.at spricht sogar von einer »Schmusekur«.

Klingt für mich nach einer perfekten Einladung. Aber selbst wenn es nicht längst wissenschaftlich erwiesen wäre, ich würde unbedingt daran glauben. Und je älter ich werde, umso mehr glaube ich daran. Warum tun wir uns oft so schwer damit, wenn wir in die Jahre kommen? Ich habe mich mit einem alten Freund darüber unterhalten, der eine klare Meinung hatte: »Schau mich an, Sky. Ich würde auch nicht mit mir schmusen wollen.« Also zugegeben, ich hatte bei näherer Betrachtung ebenfalls nicht das Bedürfnis, mit ihm zu schmusen. Aber das lag eher daran, dass ich halt nicht auf Männer stehe. Mit seiner äußeren Erscheinung hatte es nichts zu tun. Dass er mit siebzig nicht aussah wie ein

Zwanzigjähriger – was soll's? Seine Frau ist auch nicht mehr die Jüngste. Spielt das eine Rolle?

»Für mich?«, fragt er zurück, als ich es von ihm wissen will. »Nein, ich finde Renate immer noch attraktiv. Und weißt du, die paar Polster, die dazugekommen sind, eigentlich völlig okay, die fühlen sich schön an, wenn du verstehst, was ich meine.«

Natürlich, er hatte keine Berührungsängste. Aber er hat befürchtet, dass sie, als »die Renate«, Berührungsängste haben könnte. Dass es sie Überwindung kosten könnte, ihm ausgiebig den Rücken zu streicheln oder einiges mehr.

So geht es vermutlich vielen. Ich bin selbst nicht frei von Selbstzweifeln in Bezug auf meine körperliche Attraktivität. Aber wem ich schön genug bin, um mich täglich am Frühstückstisch zu ertragen, der mag vielleicht auch mal körperlich zärtlich werden.

ALTERN, NA UND?

Warum Frauen und Männer vielleicht doch nicht so unterschiedlich altern

Es gibt diese Empfindung vieler Frauen, an einem bestimmten Punkt ihres Lebens, für Männer plötzlich »unsichtbar« zu werden. Gemeint ist, dass einem die Kerle nicht mehr hinterhergucken, wenn man vorbeigeht, vielleicht auch sich nicht mehr so engagiert produzieren, wenn man am Nebentisch sitzt. Auf einmal scheint es vorbei zu sein mit der knisternden Ausstrahlung dem anderen Geschlecht gegenüber.

Ich will gar nicht so tun, als sei dieses Phänomen reine Erfindung. Wir alle wissen, dass da vielleicht sogar etwas dran ist. Aber: Es ist kein rein weibliches Problem!

Männer und Frauen altern unterschiedlich. Das ist allerdings nichts, was sich erst im Alter zeigt, das zeigt sich schon von Geburt an. Die Mädchen sind viel schneller »fertig«, werden zu einer komplexen Persönlichkeit, wenn die Jungs noch kindisch und oft peinlich sind. Sie kommen früher aus der Pubertät (manche Männer ja bekanntlich nie), werden schneller erwachsen als ihre männlichen Altersgenossen und sind auch sonst oft emotional und mental reifer als wir Männer.

Optisch ist meine Beobachtung, dass der Bauch runder wird, die Brust etwas schlaffer, das Bindegewebe lässt nach, dafür nehmen die Falten zu, der Po rutscht etwas nach unten … Fällt Ihnen etwas auf? Ich habe einen Mann beschrieben. Lesen kann man das freilich auch weiblich. Und jetzt mal ehrlich, meine Damen: Wann haben Sie zuletzt einem Siebzigjährigen hinterhergeguckt? Wann haben Sie sich zuletzt gedacht: Diesen hübschen Rentner würde ich gerne mal vernaschen?

Es ist nun einmal so, dass die meisten von uns auch optisch älter werden und ein Idealbild vom anderen Geschlecht im Kopf haben, das sich nicht am Aussehen jenseits der Lebensmitte ausrichtet. Das gilt für Frauen und für Männer gleichermaßen. Der Unterschied liegt deshalb beim Thema »Unsichtbar werden« vermutlich nur darin, dass Frauen es in jungen Jahren eher gewöhnt sind, dass ihnen die Männer hinterhergucken, während Männer ihr ganzes Leben damit leben, dass keine Frau wirklich uns Männer nach dem Äußeren beurteilt. Nur bekommen wir das nicht mit, weil sie sehr viel diskreter dabei vorgehen, und sie beweisen dabei bedeutend mehr Stil.

Ganz unabhängig davon allerdings behaupte ich, dass wir Männer mit zunehmendem Alter auch Frauen mit zunehmendem Alter attraktiv finden.

DU SOLLST DEINE FALTEN LIEBEN

Und andere Unwahrheiten übers Altern

Kennen Sie das? Da erklärt Ihnen jemand, dass nichts langweiliger ist als ein Gesicht ohne Falten. Natürlich wird erwartet, dass Sie zustimmen und zum Beweis mit Ihren Falten glänzen. Ich habe damit immer so meine Probleme. Und dabei bin ich ja noch ein Sonderfall.

Für mich war es jahrelang so, dass ich als Schauspieler auf den sogenannten »Beau« gebucht war. Charakterrollen? Von wegen. Wenn man einmal den Bösen gegeben hat, muss man immer den Fiesling geben. Und wenn man einmal den Schönling gegeben hat … Nun, den Rest können Sie sich denken. Dabei ist völlig klar, dass jede und jeder etwas anderes schön findet. Aber bei Film und Fernsehen wird eben gerne mit Stereotypen gearbeitet. Deshalb war ich lange Zeit dankbar für jedes graue Haar, das ich bekommen habe und für jede Falte, die mir die Zeit ins Gesicht geschrieben hat. Wenn man erst einmal alt genug ist und auch alt genug aussieht, dann kann die genialste Maskenbildnerin keinen Beau mehr aus einem machen. Ob mir das nun zu sehr vielen Charakterrollen verholfen hat, sei mal dahingestellt.

Zur Wahrheit gehört aber auch, dass man selbst herbeigesehnte Falten nach kürzester Zeit schon gar nicht mehr so erfreulich findet. Es ist wie in jungen Jahren mit dem Bartwuchs. Das können die meisten Jungs gar nicht erwarten. Und dann hat man den Salat: den Bart. Und darf ihn rasieren, tagtäglich. Jahre-, jahrzehntelang. Man fragt sich schon bald, wieso man eigentlich jemals so scharf darauf war.

Um also die ganze Wahrheit zu sagen: Als sie erst einmal da waren, die grauen und weißen Haare und die Falten, fand ich sie dann nicht mehr so toll.

Wer wäre nicht gerne jünger? Ich denke, das sehen die allermeisten wie ich. Wir sehnen uns nach Jugendlichkeit, auch im Aussehen. Ob es nun die Haare sind (oder deren zunehmende Abwesenheit), die Haut (von der wir scheinbar mit jedem Jahr mehr haben), das Gewicht oder die Gelenkigkeit. Leider führt das bisweilen dazu, dass die verrücktesten Gegenmaßnahmen ergriffen werden. Ganze Industriezweige leben von Botox und Fillern, von Färbungen, Tönungen und Body-Shapern. Hat frau früher noch mit einem simplen Lippenstift für etwas mehr Raffinesse gesorgt, werden heute gleich die Lippen komplett neu gemacht. Hat man früher den Scheitel einfach von der Seite aus über die Platte gezogen, werden heute Brusthaare büschelweise aufs Haupt gestanzt. Egal ob Mann oder Frau: Body-Shaming ist das ganz große Ding. Und es wird mit zunehmendem Alter nicht besser. Nur vielleicht anders.

Dabei könnte alles so entspannt sein. Wer sich in jungen Jahren körperlich nicht im Griff hat, kann sich Vorwürfe machen (muss aber nicht; ich finde den Selbstoptimierungswahn völlig übertrieben). Aber wenn man mal etwas in die vorgerückten Jahre gekommen ist, dann erlaubt einem doch gerade dies, dass man ein wenig milder auf die eigenen körperlichen Unzulänglichkeiten schaut. Ein Bäuchlein? Was soll's! Dafür hab ich mir Schokolade gegönnt. Lichtes Haar? Na und? Das Kleid vom letzten Sommer passt nicht mehr? Ist es nicht längst Zeit, sich ein neues zu kaufen?

Vielleicht müssen wir unsere kleinen und größeren Schönheitsfehler nicht lieben. Aber es hilft ungemein, sie mit einer gewissen Milde zu betrachten. Die Stirnfalten sind eine Auszeichnung für durchwachte Nächte, in denen wir uns um die Kinder gekümmert haben, die Krähenfüße zeigen, dass wir Humor haben. Der Bauch weist uns aus als Menschen, die zu leben verstehen. Jeder vermeintliche Makel, den wir im Spiegel sehen, verrät vor allem eines: Wir haben schon viel erlebt, wir haben viel mitgemacht, wir haben es verdient, dass dieser Körper gewürdigt wird. Er ist ein Gefäß vieler glücklicher und schwerer Stunden, er ist ein Symbol für das Leben schlechthin.

GENERATION COOL I

Ein paar Wahrheiten über Jung und Alt

Wer die Lebensmitte überschreitet, macht früher oder später die Erfahrung, dass es eine Art von Arroganz unter den Jüngeren gibt, die ziemlich perfide ist, denn wir Älteren sind in Wahrheit die Generation Cool!

Die Menschen, die heute als »ältere Generation« gelten, sind es, die den Rock 'n' Roll erfunden haben, die Pop-Art, die die sexuelle Revolution gebracht haben, die Hippies waren und den Weg geebnet haben für alles, was heute modern ist. Wir haben die Computer und Handys erfunden, ohne uns kein Internet! Wir sind zum Mond geflogen, haben die Friedensbewegung gegründet. Ich wage die Behauptung, dass es noch nie eine coolere Generation gab als unsere – von den nachfolgenden ganz zu schweigen.

Die lässigen jungen Leute von heute haben sich ins gemachte Nest gesetzt und genießen Frieden und Wohlstand, den wir geschaffen haben. Wenn sie cool sein wollen, imitieren sie uns mit ihren Moden. Neuerdings sind wieder Schlaghosen in. Wer hat's erfunden? Wir natürlich. Regionale Lebensmittel? Haben wir schon als Kinder bekommen. Filterkaffee? Unser Ding.

Eigentlich sollte es Buttons geben mit Aufschriften wie »Kein Kanye West ohne Beatles« oder »Kein Instagram ohne Zuse« (es war Konrad Zuse, der laut Wikipedia »1941 den ersten funktionstüchtigen, vollautomatischen, programmgesteuerten und frei programmierbaren, in binärer Gleitkommarechnung arbeitenden Rechner« baute).

Was natürlich nichts bringen würde, weil die junge Generation ja keine Ahnung mehr hat, wer Konrad Zuse war und auch ich kein Wort von dem verstehe, was dieser Mann eigentlich erfunden hat. Tatsächlich bin ich überzeugt, dass die Wurzel von fast allem Guten, was diese Welt zu bieten hat – und damit meine ich: auch für junge Menschen zu bieten hat –, von uns älteren Menschen gesetzt wurde. Wir haben die schönsten und lässigsten Dinge erfunden, die es auf diesem Planeten gibt.

Ich finde, wir haben allen Anlass zu Selbstbewusstsein. Jugend ist kein Verdienst, sie ist nur Zufall – und sehr vergänglich. Aber Leistung ist etwas Bleibendes. So wie Rock 'n' Roll oder die Mondlandung.

GENERATION COOL II

Noch ein paar Wahrheiten über Alt und Jung

Manchmal tun mir die jungen Leute schon fast leid. Jugend früher, das hieß Rebellion, Aufbruch, Abenteuer! Selbst für Semester, die noch um einiges älter sind als ich. Da denke ich an diesen wunderschönen sentimentalen Song von Frank Sinatra »When I was seventeen …« Als er siebzehn war, singt er da, war das ein sehr gutes Jahr – für Dorfmädchen, die er im Dunkel der Parkanlagen geküsst hat. Und dann mit einundzwanzig waren es die Kleinstadtmädchen, die er durch die Hintertreppe in ihren Zimmern besuchen kam. … Wow! Ich will ja gar nicht behaupten, dass wir Älteren uns in der Jugend ständig durch die Betten gepoppt haben. Aber es ist schon was Wahres dran.

Wer hatte früher nicht den dringenden Wunsch, von zu Hause auszuziehen, ein eigenes Auto zu haben, eine eigene Bude – ein eigenes Leben! Man probierte etwas aus, riskierte großen Krach zu Hause, weil man lange aus- oder ganz wegblieb über Nacht.

Man fuhr in den Urlaub mit ein paar Mark in der Tasche und einer alten Landkarte, vielleicht per Anhalter, vielleicht mit einer alten Karre, die gerade noch durch den TÜV gekommen war. Pläne? Hatten wir doch kaum. Möglichkeiten? Ohne Ende.

Dagegen heute: Dank Smartphone können einen die Eltern jederzeit erreichen, man hat jede Information sofort zur Hand. Ein Reiseziel wird gar nicht erst angesteuert, wenn es nicht Instagram-tauglich ist beziehungsweise mindestens viereinhalb Sterne in den Bewertungsportalen hat. Nichts wird mehr dem Zufall überlassen. Die Partnerwahl schon gar nicht. Ausprobieren? Schon. Aber nur, wenn das Profil zum eigenen Tinderprofil passt.

Viel schlimmer aber ist der Mangel an Perspektive, den man heute hat. Früher war es einfach: Da konnte man sich einen Job suchen und ihn gut machen, dann klappte das schon mit einer Karriere und dem Familiegründen. Heute gibt es zwar viel mehr Berufe (darunter unzählige, von denen ich nicht weiß, was sie eigentlich bedeuten), aber keine klaren Berufsziele mehr. Und wenn man dann als Mediendesigner einen Job als »Host bei einer Online-Vertriebsfirma im B2B-Bereich« ergattert hat, dann gibt es einen befristeten Vertrag, der von einem weiteren befristeten Vertrag abgelöst wird, ehe man mit Glück den dritten befristeten Vertrag bekommt.

Zugleich stehen die jungen Leute heute vor Herausforderungen, die wir nicht einmal kannten. Oder haben sie vor vierzig Jahren schon über den Klimawandel nachgedacht? Über die Rentengerechtigkeit oder über die Resourcenknappheit? Wir haben es uns einfach gutgehen lassen. Die Jungen zahlen dafür die Zeche. Sie zahlen die Renten, die wir heute bekommen, weil wir auf Einhaltung des Generationenvertrags pochen. Und als wäre das nicht hart genug, hinterlassen wir den jungen Menschen ein ruiniertes Klima und ungelöste Energieprobleme. Von all den alltäglichen Problemen, die jede Generation zu bewältigen hat, ganz abgesehen.

Würde ich gerne heute jung sein anstatt früher? Nicht wirklich. Ich finde nicht, dass wir uns in Selbstvorwürfen ergehen sollten oder dass uns irgendjemand groß Vorwürfe machen darf. Die wenigsten haben doch absichtlich die Umwelt vergiftet oder plündern jetzt vorsätzlich die Rentenkassen. Aber wenn wir ehrlich sind, dann haben wir schon großes Glück, dass wir so viele Vorzüge unserer Gesellschaft und Zivilisation genießen durften und immer noch dürfen, während das für die nachfolgenden Generationen zumindest ziemlich fragwürdig geworden ist.

GENERATION UNCOOL

Wenn man sich plötzlich auf der falschen Seite wiederfindet

Es war mir in meinem ganzen Leben stets wichtig, ein weltoffener Mensch zu sein, mich mit Vorurteilen zurückzuhalten und andere Menschen so anzunehmen, wie sie sind. Ich bin aus tiefer Überzeugung das, was man einen Liberalen nennt: ein freiheitsliebender Mensch, der sich das Motto »Leben und leben lassen« auf die Fahne geschrieben hat. Natürlich heißt das nicht, dass ich wirklich frei von Vorurteilen wäre – wer ist das schon? Aber ich versuche, in der Hinsicht ehrlich zu mir selbst zu sein, und lasse das auch nur in engen Grenzen zu, vor allem dort, wo es eher harmlos ist und niemandem wehtut.

Das mag mit meiner persönlichen Herkunft zu tun haben. Ich bin in Argentinien geboren worden, habe meine Kindheit in England verbracht und lebe seit meinen Jugendjahren in Deutschland. Ich hatte das Glück, mit Menschen sehr vieler

Nationalitäten zusammenzuarbeiten und Freunde jedweder Couleur zu haben, seit jeher.

Doch je älter ich werde, umso mehr werde ich gezwungen, mir Gedanken darüber zu machen, wie es mit unserer bunten Gesellschaft weitergeht. Das Schockierende daran ist für mich, dass ich selbst der Anlass für diese Frage bin – ich und »meinesgleichen«. Denn seit einigen Jahren sind wir nicht einfach nur Menschen, die ein gewisses Lebensalter erreicht haben und von denen es naturgemäß nettere und weniger nette, erfolgreichere und weniger erfolgreiche gibt, wir sind das, was man mit einem Kampfbegriff belegt hat: »alte weiße Männer«.

Dafür, dass ich alt bin, kann ich nichts. Meine Hautfarbe und dass ich ein Mann bin, habe ich mir auch nicht ausgesucht. Wäre ich ein besserer Mensch wenn ich, sagen wir, eine junge schwarze Frau wäre? Ich hoffe, ich wäre im Grunde derselbe Mensch. Denn ich möchte meinen Charakter nicht dadurch definieren, dass ich alt, weiß oder männlich bin – so wie ich niemanden danach beurteilen möchte, welche Haut- oder Haarfarbe, welche Nationalität, welches Geschlecht, welche Religion oder welches Alter er hat. Denn das ist genau das, was ich als freiheitlich denkender Mensch ablehne. Es gibt keine Menschen, die mehr oder die weniger wert sind, man darf niemanden ablehnen wegen Eigenschaften, für die er selbst nichts kann.

Und doch geschieht es. Seit einiger Zeit aber auch mir. Früher waren es aber »die Bösen«, die Andere abgelehnt hatten, heutzutage sind es »die Guten«. Dass ich beides in Anführungszeichen schreibe, zeigt schon, dass es so einfach nicht ist. Wieso, frage ich mich, finde ich mich aber unvermittelt auf der Seite derer wieder, die ebenfalls »böse« sein sollen oder doch zumindest ablehnenswert?

Der tiefere Sinn der Debatte leuchtet mir durchaus ein: Früher hatte man es als Mann leichter, zum Beispiel einen guten Job zu bekommen und ein gutes Einkommen zu erzielen. Und als weißer Mann hatte man es ebenfalls leichter gegenüber sogenannten Persons of Colour. Und jetzt sind die Generationen, die diese Vorteile genossen haben, älter geworden: alte weiße Männer. Wie ich.

Aber will ich mit all den Männern über einen Kamm geschoren werden, die Machtspielchen gespielt haben, die andere rüde beiseitegestoßen haben, die Frauen verdrängt und verhindert haben, um selbst möglichst schnell möglichst weit nach oben zu kommen? Und was ist mit den Männern, die nicht weitergekommen sind in ihrem Leben? Die alt geworden sind, ohne die vermeintlichen Vorteile genießen zu können, die man als weißer Mann hatte?

Wer das jetzt für weinerlich hält, der muss sich fragen lassen, wie es um die heute jungen »weißen« Männer steht, die womöglich bald übergangen werden mit ihren Bewerbungen – weil sie nun einmal weiße Männer sind? Ich habe nicht nur zwei wunderbare Söhne, ich habe auch eine sehr begabte Tochter, ich bin weit davon entfernt, Männern bessere Chancen zu wünschen als Frauen. Meine Tochter soll die gleichen Möglichkeiten im Leben haben wie meine Söhne, das ist doch ganz klar! Allerdings gilt das auch umgekehrt – nur sind die Zeiten nicht so.

Es ist schwierig geworden, weil es keine Gewissheiten mehr gibt. Die Zeiten haben sich immer geändert, sie ändern sich aber immer schneller. Und ich möchte nicht, dass wir alle uns irgendwann am Rande stehen sehen, weil wir »unmodern« geworden sind. So, wie es jetzt läuft, muss jede und jeder damit rechnen, zur Unperson zu werden, und zwar ohne eigenes Zutun, ganz einfach, weil er nicht mehr in die weltanschaulichen Konzepte derjenigen passt, die die öffentliche Diskussion bestimmen.

Früher hatte man als älterer Mensch eher noch eine gewisse Narrenfreiheit. Wer da nicht mit der Mode ging, der wurde eben mit milder Nachsicht als »vom alten Schlag« betrachtet. Heute stehe ich unter Rechtfertigungsdruck, wenn ich nicht gendere. Dabei habe ich gar nichts dagegen! Das soll jeder machen, wie er möchte, ich bin da völlig offen. Nur selber machen möchte ich es nicht, weil es meinem Sprachgefühl widerspricht. Kann durchaus sein, dass sich das mal irgendwann ändert, weil ich es oft genug gehört habe. Dann werde ich vielleicht auch ganz natürlich von Lehrer*innen und Aktivist*innen sprechen, wer weiß, solange die Sackgasse nicht zur Untenrum-Gasse umgetauft wird. Bleiben wir doch bitte bei spontanen Ausrufen wie »Oh Mann!« oder »Hey, Alter!«

Ich wünschte, es gäbe sie noch, die milde Nachsicht, mit der wir früher die altmodischen Marotten unserer Eltern und Großeltern betrachtet haben. Gerne würde ich sie für mich in Anspruch nehmen. Und das, was völlig unabänderlich ist, was ich mir nicht ausgesucht habe und wofür ich nichts kann, das möge man mir erst recht nachsehen. Zum Beispiel, dass ich ein alter weißer Mann bin. Darauf bilde ich mir nichts ein – und dafür möchte ich auch nicht verurteilt werden.

HAPPY BIRTHDAY?

Wer feiert denn sowas?

Einer der großen Hollywood-Schauspieler hat mal gespottet, als ihm der Oscar fürs Lebenswerk verliehen wurde: »Sie geben ihn dir, weil du immer noch da bist. Nur dass ich dafür nichts kann.« So ähnlich ist es mit Geburtstagen: Sie werden gefeiert, weil man zur Welt gekommen ist und sie immer noch nicht wieder verlassen hat.

Falls Sie zu den Leuten gehören, die sich auf ihren Geburtstag freuen, zählen Sie nach meiner Beobachtung zu den absoluten Ausnahmen. Ich persönlich kenne bloß Kinder, die ihren Geburtstag herbeisehnen und auch noch Spaß daran haben. Spätestens ab dreißig ist der Spaß vorbei. Es wird ernst. Die lockerleichten Jugendjahre sind vorbei. Zehn Jahre später: vierzig – es geht dem Ende zu. Mit fünfzig schließlich: Das war's, die schönste Zeit liegt hinter mir, jetzt muss ich ständig meinen Cholesterinspiegel checken, an meine Blutzuckerwerte, an den Blutdruck, die Herzkranzgefäße denken …

Merkwürdigerweise sehnen wir uns dann mit vierzig auf einmal zurück nach der Zeit, als wir dreißig waren. Und mit fünfzig wirken die vierzig plötzlich geradezu jugendlich! Und so weiter. Geburtstage, und das jedes Jahr, wer braucht das? Ich nicht und schon gar keine Feiern.

Die Reden sind oft das Schlimmste. Da wird in großen Worten beschworen, wie einzigartig, wie fabelhaft und wie unentbehrlich man doch sei. Ich würde das lieber mal unter dem Jahr hören.

Fällt nur leider niemandem ein. Stattdessen schießen Geburtstagsredner traditionell übers Ziel hinaus. Da ist man kein guter Freund mehr, sondern der beste. Und auch kein guter Ehemann oder Vater, sondern »der beste Papa auf der ganzen Welt«. Weil wir aber alle wissen, dass keiner von uns der beste Papa der Welt ist oder die beste Mama, wissen wir, dass das Lob nicht der Wahrheit entspricht.

Nein, in Wirklichkeit ist es so, dass Geburtstagefeiern eine komplizierte Kunst sind. Man kann es dem Geburtstagskind kaum recht machen. Deshalb leiden die Jubilierenden in der Regel ebenso wie die Jubilare. Alle machen gute Miene zum bösen Spiel, alle geben sich redlich Mühe und bescheren sich doch gegenseitig nur ein äußerst fragwürdiges Vergnügen.

Aus diesem Grunde habe ich für mich beschlossen, in Zukunft keinen Geburtstag mehr zu feiern. Alt genug, um das zu entscheiden, bin ich ja nun.

QUELL EWIGER JUGEND

Wer wir wirklich sind

Gut, einigen wir uns darauf, dass die Zeit vergeht – und mit der Zeit werden wir alle älter, vom Augenblick unserer Geburt an. Die Jahre vergehen, die Jahrzehnte auch. Und doch: Geht es Ihnen nicht auch so, dass Ihr Herz schneller schlägt, wenn Sie »(I can't get no) satisfaction« von den Rolling Stones hören? Oder wenn irgendwo »Moon River« läuft, dass Sie sich erinnern, wie Sie mit dem Stück unbedingt Ihre Liebste oder Ihren Liebsten rumkriegen wollten? Warum ist das so? Die Stücke sind alt …

Sind sie eben nicht. Sie haben entscheidende Momente unserer Jugend gespeichert – und wenn wir sie hören, rufen wir diese Jugend wieder ab – in Form von Empfindungen, die zeitlos sind. Man kann sich an lange zurückliegende Ereignisse erinnern. Man kann sie dann auch wieder empfinden. Gefühle nämlich altern nicht. Glück bleibt Glück, Lust bleibt Lust, Trauer bleibt Trauer.

Läuft »(I can't get no) satisfaction« im Radio, werde ich schlagartig zwanzig Jahre jünger. Okay, dreißig.

All den Dingen und Erlebnissen, die unser Leben ausmachen, wohnt eine Gegenwart inne, die wir mit uns nehmen und durchs Leben tragen, ohne sie altern zu lassen. Was uns wichtig ist, hält uns jung. Es ist ein Teil von uns, der nie älter wird.

Wenn Sie das für ziemlich unwissenschaftlich halten, dann haben Sie wahrscheinlich recht. Deshalb an der Stelle mal ein paar wissenschaftliche Fakten: Wenn Sie Ihr Skelett betrachten, sind Sie nicht älter als zehn Jahre, egal, wie lange Sie schon auf Erden wandeln. Denn unsere Knochen erneuern sich im Laufe von zehn Jahren vollständig, so wie die meisten unserer Körperzellen sich wieder und wieder erneuern. Manche tun das schon nach kurzer Zeit, andere brauchen dafür lange. Aber nur ganz wenige tragen wir von der Geburt bis zu unserem Lebensende mit uns. Klingt verrückt, ist aber das Geheimnis, weshalb wir überhaupt so lange leben können.

Magen- oder Darmzellen sind wahre Regenerationskünstler und erneuern sich etwa alle 2 bis 8 Tage, die roten Blutkörperchen brauchen immerhin vier Monate. Die Leber gibt es alle knapp zwei Jahre neu, den Dünndarm erst nach sechzehn Jahren. Besonders langsam geht es mit den Gehirnzellen. Wen wundert's: Da ist so vieles gespeichert, dass es geradezu gefährlich wäre, die ständig durch neue, »leere« Zellen zu ersetzen.

Womit wir wieder am Anfang wären. In diesen Gehirnzellen sind nämlich auch »(I can't get no) satisfaction« und »Moon River« und all die anderen schönen Momente und Gefühle abgespeichert, die wir jederzeit erleben könnten wie beim ersten Mal.

All das bedeutet, dass das Altern nur einen Teil von uns betrifft. Einiges ist davon ausgenommen. In jeder und jedem von uns ist immer noch das kleine Mädchen oder der kleine Junge, der den Geruch von Erdbeeren geliebt hat, oder der Teenager mit all seinen Träumen

RUHESTAND

Was es mit uns macht, wenn wir nichts mehr machen

Viele Menschen können mein Alter nicht einschätzen und oft ist das erfreulich und ein Vorteil in meiner Branche. Diese Tatsache unterwirft mich keinen Vorurteilen wie »Der ist zu alt für diese Rolle« oder »Schafft der das noch kräftemäßig?«. Ja, er schafft das noch, denn letztendlich ist das reale Alter abhängig von mehreren Faktoren, die ich in diesem Buch gerne aufzähle. Ein Glück.

Ich habe mich vor kurzer Zeit entschlossen, kürzer zu treten, nicht mehr alle Jobs anzunehmen, die man mir anbietet. Trotzdem sieht man mich immer wieder in den Medien, weil Filme gezeigt werden, die ich vor einiger Zeit gedreht habe. Ich halte Lesungen, nehme Hörspiele auf, kurz, ich bin noch aktiv im Leben, obwohl ich mein Rentendasein genießen könnte. Nicht nur das: Ich könnte die Beine hochlegen und das Leben als solches in Ruhe angehen. Etwas, das ich Jahrzehnte versäumt habe.

Aber zum Genießen gehört eben auch mein Beruf. Studios, Lesungen und der Kontakt zu den Menschen.

Soweit es mich betrifft, war Nichtstun für mich nie eine Option. Dazu mag ich meinen Beruf zu gerne. Die Arbeit hält mich jung.

Ich glaube, arbeiten nimmt uns nicht nur Energie, sie gibt uns auch welche. Und wahrscheinlich ist es genau diese Energie, die mich, die uns alle jung hält.

WEISHEIT

Welche Weisheit?

Es ist viel geschrieben worden über die Weisheit des Alters. Die Zitatensammlungen, die sich damit befassen, füllen dicke Schwarten! Ob Schiller oder Montesquieu, Brigitte Bardot oder Jeanne Moreau, die zu diesem Thema eine klare Meinung hatte und meinte: »Weisheit stellt sich nicht immer im Alter ein. Manchmal kommt das Alter auch ganz allein«.

Alle haben ihre Meinung übers Alter zum Besten gegeben, manchmal humorvoll, oft ernsthaft, und haben damit dem Mythos von den »weisen Alten« mehr oder weniger Vorschub geleistet.

Und was soll ich sagen: Ich bin nicht besser, ich tu's ja auch. Einerseits. Andererseits will ich mir erlauben, auch ganz klar die Meinung zu vertreten, dass alte Menschen oft tatsächlich weiser sind als junge – also ganz generell, meine ich. Wenn wir mal davon absehen, dass es natürlich klügere und weniger kluge Menschen gibt. Und trotzdem empfinde ich es auch als eine gewisse Zumutung, mich einem Zustand fortgeschrittener Weisheit annähern zu sollen, nur weil ich an Lebensjahren zunehme. Mir scheint es nämlich eher so, dass eine gewisse Unvernunft recht typisch ist für Menschen jenseits der Lebensmitte. Und wenn ein alter Mann einer attraktiven Frau hinterherschaut, dann wirkt das keineswegs weiser, als wenn es ein junger tut – eher ein bisschen törichter. Aber warum auch nicht! Torheit scheint mir im Alter erstrebenswerter als Weisheit. Unsinn, den man jetzt nicht mehr anstellt, stellt man vielleicht nie wieder an! Wann soll man sich lächerlich machen, wenn nicht jetzt? Wann seinen Träumen, Wünschen, Leidenschaften nachgeben? Das Alter ist die Zeit, in der all das noch möglich ist, was nach dem Alter leider nicht mehr möglich ist. Will ich diese Zeit wirklich mit Weisheit füllen? Mir wäre leben lieber. Ausgehen, Schlemmen, das Abenteuer suchen … Soweit es mich betrifft, bin ich vielleicht erfahrener und gelassener als früher, aber weiser? Das wird wohl nichts mehr. Muss es auch nicht.

Jonathan Swift hat mal gesagt: »Alte Herren und Kometen werden aus dem gleichen Grund verehrt: wegen ihrer langen Bärte und der Behauptung, dass sie die Ereignisse voraussagen.«

Dann bin ich doch lieber eine Sternschnuppe. Keiner nimmt sie wirklich ernst, aber jeder freut sich, wenn er sie sieht. Ich sage keine Ereignisse voraus, aber ich stecke voller Wünsche. Und ich freue mich auf die Zukunft, denn dort werde ich den Rest meines Lebens verbringen

TRÄUMEN, LIEBEN, HOFFEN

Was für eine Perspektive

Der Klassiker: Man besucht die Familie oder trifft gute Freunde, die Kinder oder Enkelkinder tauchen auf, und irgendwer stellt die Frage, die wir alle gehasst haben, seit wir fünf Jahre alt waren: »Was willst du denn mal werden?« John Lennon soll ja in einem Schulaufsatz zu diesem Thema die kluge Antwort gegeben haben: »Glücklich.« Leider wurde es ihm nicht in Form einer guten Note honoriert.

Nun, wir alle haben diese Frage in jungen Jahren oft gehört. Ich fürchte, die meisten von uns haben sie zum Leidwesen der Kinder und Jugendlichen, mit denen wir zu tun hatten, auch manchmal gestellt. Was mir aber auffällt: Sobald eine Ausbildung aufgenommen wurde oder ein Beruf ergriffen, fragt keiner mehr danach, was man mal werden will. Dabei kommen doch unglaublich interessante Dinge erst viel später. Möglichkeiten, von denen man nichts wusste oder ahnte. Berufszweige von deren Existenz man noch nie gehört hatte. Wer weiß, ob ich je Schauspieler geworden wäre, hätte ich gewusst, dass es zum Beispiel Literaturredakteure oder Künstleragenten gibt.

Nach meiner Erfahrung hören Menschen nicht auf, Pläne zu schmieden oder Träume zu hegen, nur weil das Leben weitergegangen ist. Die Pläne mögen sich ändern, die Träume auch, ob beruflich oder privat. Die Ziele mögen andere sein. Aber wenn stimmt, was meine Beobachtung mir sagt, dann bleiben wir doch auch im Alter voller Wünsche und Hoffnungen. Immer noch wünschen wir uns, in den Arm genommen zu werden, Nähe und Intimität zu spüren, immer noch freuen wir uns darauf, wenn nach dem Winter morgens endlich die Vögel wieder draußen zu hören sind. Wir wollen weiterhin gefragt werden, welche Urlaubspläne wir haben, ob wir abends mal rüberkommen wollen auf ein Glas Wein oder ob uns der Beruf des Ingenieurs oder Handwerkers Befriedigung verschafft hat. Überhaupt: Wir wollen weiterhin dabei sein, weil wir uns wünschen, dass es jemanden interessiert. Wir wollen immer noch gelobt werden für etwas, das wir gut gemacht haben – und nicht nur dafür, dass wir immer noch am Leben sind. Anerkennung für uns selbst und nicht für das Alter, das ist es, was wir uns wünschen. Ältere Menschen wollen immer noch geliebt werden und lieben, sie wollen nicht ihre Träume aufgeben, nur weil die Zeit weniger geworden ist, in der sie sie verwirklichen können. Wenn wir uns vom Leben etwas wünschen, dann heißt das, dass wir unsere Hoffnung auf die Zukunft setzen. Und bis zum letzten Stündchen gibt es immer Zukunft. Deshalb halte ich es auch mit John Lennon. Wenn Sie wissen wollen, was ich einmal werden möchte, dann sage ich ganz klar: glücklich.

DAS GOLDENE BÜGELBRETT

Oder: Junge, wie die Zeit vergeht

Neulich habe ich mich mit einem alten Freund getroffen, der ein wahrer Ausbund an unternehmerischer Energie ist – und trotzdem nie im Stress zu sein scheint. Da hatte ich gerade seit einiger Zeit Rücken, wie man so schön sagt. Volkskrankheit Nummer eins. Leider auch bei mir immer mal wieder. »Tja«, sage ich. »Ich kann mich nicht mal ans Bügelbrett stellen.«

»Bügelbrett? Sag bloß, du bügelst?«

In der Tat, das Bügeln habe ich immer selbst erledigt. Mache ich eigentlich auch ganz gerne. Oder vielmehr: Habe ich gerne gemacht. So neben dem Fernsehen her, am Bügelbrett zu stehen und das Eisen zu schwingen …

»Macht das bei dir deine Frau?«

»Meine Frau?« Mein Freund lacht. »Die würde mir was husten, wenn ich von ihr erwarten würde, dass sie meine Hemden bügelt. Nein, ich trage meine Sachen seit Jahren ungebügelt.«

Ich gestehe, so genau hatte ich nie hingesehen. Und als ich ihn mir nach dieser überraschenden Information genauer ansah, wirkte er überhaupt nicht schlampig. Zumindest fast nicht. Das hat mir zu denken gegeben. Genau genommen habe ich darüber nachgedacht, wie viel Zeit ich in meinem Leben bisher am Bügelbrett verbracht habe. Pi mal Daumen geschätzt, kann man sagen: eine Stunde pro Woche. Macht gut fünfzig Stunden pro Jahr. Macht in fünfzig Jahren 2500 Stunden. Das ergibt mehr als 104 Tage. Einhundertvier Tage meines Lebens habe ich am und mit dem Bügelbrett verbracht! Länger als mit meiner Exfreundin, und da musste ich nicht mal ständig stehen.

Mit einem Mal erscheint mir Bügeln weit weniger wichtig – und auch nicht mehr so entspannend. Wenn man allein mit einer so vernachlässigenswerten Tätigkeit einen so bedeutenden Teil seiner Lebenszeit verplempert, wie sieht es dann erst mit den wirklich unnötigen oder gar verhassten Tätigkeiten aus? Wie viele Jahre habe ich in Staus, Wartezimmern, Warteschlangen oder Warteschleifen verschwendet?

Seit ich mir diese Tatsachen bewusst mache, wirkt mein Bügelbrett auf mich wie eine Zeitmaschine. Genauer gesagt: eine Zeitverschwendungsmaschine. Und je älter ich werde, umso größer die Zeit, die sie verschwendet – weil ich ja immer weniger davon übrig habe!

Gewiss, man kann nicht alles vermeiden, was einem sinnlos Zeit raubt. Wollte ich nie mehr im Stau stehen, dürfte ich nicht mehr mit dem Auto fahren. Und wenn ich zum Arzt gehe, muss ich mich damit abfinden, dass ich womöglich warten muss.

Ja, man muss nicht nur an sich selbst arbeiten, sondern auch an den Dingen, mit denen man sich umgibt und die einen beschäftigen. Die Lebenszeit, die ich in den zurückliegenden Jahrzehnten an Bügelbretter und andere vollkommen unwichtige Dinge verschwendet habe, kann ich nicht mehr zurückholen. Aber die Zeit, die noch vor mir liegt, muss ich nicht auf solchen Unsinn verwenden. Ich habe mein Lieblingshemd genommen und es noch einmal mit aller Sorgfalt perfekt gebügelt. Dann habe ich es feierlich zum Wäscheschrank getragen und hineingehängt. Dort darf es jetzt parallel mit mir altern, ohne dass ich es noch einmal herausnehme. Vielleicht ist es meinen Hinterbliebenen nützlich, wenn sie mir in hoffentlich ferner Zukunft mein letztes Hemd anziehen müssen. Dann werden die Trauernden an meinen Sarg treten und sich gegenseitig versichern: »So elegant sah er zu Lebzeiten nie aus.« Und manche werden sich erinnern und vielleicht flüstern: »Doch, doch, ganz früher, da hat er noch darauf geachtet, nur ordentlich gebügelte Hemden zu tragen, aber sieht verdammt eng aus, das letzte Hemd!« Ich aber werde heimlich in mich hineinlächeln und mir sagen: Die Zeit habe ich mir für schönere Dinge genommen. Wie gut, dass ich das noch rechtzeitig gelernt und begriffen hatte.

LOSLASSEN

Nichts leichter als das!

Ein großer Vorteil des Älterwerdens ist, dass man nichts mehr beweisen muss. Weder wie erfolgreich man ist, noch wie gut es einem geht. Älterwerden ist eine Zeit des langsamen Loslassens.

Das kann die körperliche oder geistige Fitness sein, das kann die Partnerin oder der Partner sein, das kann ein geliebter Beruf sein oder ein Hobby, das man nicht mehr ausüben kann oder will. Im reifen Alter von 65 möchte kaum einer auf den Mount Everest steigen, schon gar nicht, wenn man sich mit einem Jugendlichen namens Jordan Romero vergleicht, der als jüngster Bergsteiger der Welt bereits im Alter von 13 Jahren den Gipfel des Mount Everest erklomm.

Oder mit Felix Baumgartner, der österreichische Basejumper, der aus dem Weltall (37 000 Meter Höhe) sprang. Und dabei im freien Fall die Schallmauer durchbrach. Nein, die Zeiten sind vorbei, wenn sie denn je wünschenswert waren.

Auch die Gesundheit würde in diesen Fällen nicht mehr mitspielen. Cholesterinspiegel ist zu hoch, Blutdruck ebenfalls und das Knie macht auch nicht mehr alles mit, um nur ein paar Beispiele zu nennen. Plötzlich verschwinden die so geliebten Desserts vom Speiseplan, und dazu gehört auch noch der Alkohol.

Aber das Loslassen hat auch manch Gutes. Kein Dresscode! Wir müssen uns nicht mehr darum scheren, ob die Kollegen oder Vorgesetzten damit einverstanden sind, was wir anhaben, ob es topaktuell ist oder farblich vorbei. Wen interessierts?

Älterwerden ist eine Zeit, in der wir uns langsam von vielem befreien sollten, was unser Leben weniger lebenswert macht.

Es genügt mir, wenn mich die Menschen mögen, die mir wichtig sind, nach dem englischen Motto: »I like who likes me!«.

EINE PORTION SELBSTMITLEID

Wenn's sonst niemand tut

Eigentlich nehme ich für mich in Anspruch, nicht der selbstmitleidige Typ zu sein. Eher zähle ich zur »Shit happens – so what?«-Fraktion. Das war zumindest immer so, bis ich ein gewisses Alter erreicht habe. Es ist das Alter, in dem man anfängt, sich übers Alter Gedanken zu machen. Leider macht man das in der Regel erst, wenn es schon so gut wie eingetreten ist, also meist ein wenig zu spät!

Fit bleiben zum Beispiel geht rückwirkend nicht mehr, und fit werden ist ein wenig schwerer. Altersvorsorge trägt das Problem schon im Namen. Dazu kommt, dass viele von uns vor lauter Pflichtgefühl, Arbeiten müssen und Verantwortungsbewusstsein fast ein bisschen vergessen, wie man eigentlich lebt.

Und dann kommt es, das Alter, und es wird uns klar, dass viele Dinge einfach vorbei sind. Wir entdecken, was wir alles möglicherweise verpasst haben, was es nie mehr wieder für uns geben wird, was wir noch hätten tun oder sagen sollen und jetzt nicht mehr tun oder sagen können, oder dass wir schlicht nicht mehr die sind, die wir mal waren … Mit der Folge, dass ein Gefühl an uns zu nagen beginnt, das nicht nur nicht weiterhilft, sondern einem zusätzlich die Lebensfreude verdirbt: Selbstmitleid.

Um es auf den Punkt zu bringen: Das braucht mit Sicherheit kein Mensch.

Nun gehöre ich trotzdem nicht unbedingt zu denen, die behaupten, früher sei alles besser gewesen.

Aber ich glaube, dass viele von uns auf mehr Schönes zurückblicken können, als ihnen im Alltag bewusst ist. Dabei ist es gerade dieser Alltag, der den Unterschied oft überdeutlich zeigt! Überlegen Sie mal, wie Ihre Kindheit und Jugend aussah im Vergleich zur Kindheit und Jugend der heutigen Generation. Wir haben uns damals oft lange Nachmittage herumgetrieben, ohne dass unsere Eltern gewusst hätten, wo wir waren. Die meisten Kinder heute werden praktisch ständig in Echtzeit getrackt: Das Handy macht sie zu Überwachungsobjekten ihrer Eltern. Dabei haben sie oft sowieso viel weniger freie Zeit als wir damals. Die Schulen dauern länger, viele besuchen allerlei Kurse – sei es Nachhilfe, sei es Klavier, sei es Ballett oder Förderunterricht – und sollen dann trotzdem auch zuhause noch Schulaufgaben machen.

Wenn wir mit den Eltern in den Urlaub gefahren sind, haben wir uns stundenlang auf dem Rücksitz gelangweilt und aus dem Fenster geguckt. Heute bekommen die Kids ein Tablet, setzen sich kabellose Kopfhörer auf, quengeln nicht mehr und wachen sozusagen erst auf, wenn das Ziel erreicht ist.

Die erste Reise alleine – wir erinnern uns. Man hat einmal die Woche zu Hause angerufen und schnell aufgelegt, wenn die Mutter gefragt hat: »Was macht ihr denn am Abend so?« Tja, schlechte Verbindung – Gespräch abgebrochen. Pech. Heute bekommen die Eltern schon Panik, wenn man kein Foto vom Frühstücksbüffet schickt und keine WhatsApp aus dem Großraumwaggon mit »Schaffner hat eben das Ticket kontrolliert« oder »Deine getrüffelten Lachssandwiche sind super, Mutter, sorry, muss aufhören, gleich sind wir in Bologna«.

Während ich dies schreibe, herrscht immer noch ein coronabedingter Ausnahmezustand auf der ganzen Welt. Sogar ein Krieg wütet in Europa. Das sind schreckliche Dinge, die uns alle betreffen und uns allen zu schaffen machen. Hier und jetzt. Den Jungen aber oft mehr als den Alten. Monatelang waren die Schulen geschlossen, mehrere Semester lang die Universitäten. Junge Menschen in der Ausbildung saßen allein zu Hause vor den Bildschirmen, statt diese Phase des Aufbruchs ins eigenständige Leben genießen zu können, wie wir es taten.

Aber auch ohne diese Belastungen, die hoffentlich bald überwunden sein werden, war vieles früher ganz einfach schöner, aufregender, unbeschwerter:

Wir haben noch in die Pedale getreten, statt uns auf Elektroroller zu stellen. Wir haben noch heimlich auf dem Klo eine Zigarette geraucht, statt lässig in den dafür abgegrenzten Raucherbereichen zu dampfen. Wir hatten noch Landkarten und Stadtpläne! Die haben uns vielleicht auch nicht immer zuverlässig ans Ziel gebracht – sie haben uns aber zumindest nicht mitten auf der Autobahn zum Wenden aufgefordert oder in der Einöde behauptet: »Sie haben Ihr Ziel erreicht.«

Unser Ziel erreicht haben mögen wir auch im fortgeschrittenen Alter noch nicht. Aber wir haben schon einen ziemlich stolzen und vor allem vielfach auch ziemlich schönen Weg hinter uns gebracht! Wenn uns der Blick nach vorne zu einem Gefühl von Selbstmitleid verleitet, dann sollten wir mal eben zurückblicken, um uns selbst zu versichern: Wir können stolz sein auf unser Leben und das Erreichte. Und wir können dankbar sein für die Zeiten, die wir erleben durften. Denn davon war vieles ziemlich gut und manches sehr viel besser, als es die heutigen Jungen haben.

RESPEKT, RESPEKT!

Wenn man plötzlich zu den Jüngeren aufblickt

Erinnern Sie sich noch daran, wie Barack Obama seinen fünfzigsten Geburtstag im Weißen Haus gefeiert hat? Ich weiß noch genau, wie ich die Bilder von ihm und seiner Frau gesehen habe, beide elegant gekleidet auf dem Tanzparkett – und ich dachte mir: Wow, der wird gerade erst fünfzig und ist Präsident der Vereinigten Staaten.

Junge Spitzenpolitiker gab es früher schon. John F. Kennedy zum Beispiel. Damals. Aber irgendwann stellt man fest, dass immer mehr Menschen, die jünger sind als man selbst, bedeutende Positionen bekleiden, mächtiger, einflussreicher oder auch reicher sind.

Man betrachtet die jüngeren Generationen auf einmal mit anderen Augen, wenn einem bewusst wird, was diese Menschen in ihrem viel kürzeren Leben schon erreicht haben. Und das ist etwas, was ich unglaublich positiv finde und was ich mir seither gerne auch bewusst mache! Denn erstens stärkt es meinen Glauben an die Zukunft, die ja auch für meine Kinder noch eine lebenswerte sein soll. Und zweitens beschützt es mich davor, einer von diesen selbstgefälligen oder auch von diesen ungenießbaren Alten zu werden, die immer alles besser wissen und denen es niemand recht machen kann. Jeder kennt sie von früher, jeder hat sie gehasst – aber machen wir uns immer alle klar, dass wir mit zunehmendem Lebensalter auch Gefahr laufen, selbst solche Nörgelgreise zu werden?

Das Alter hat meinen Blick auf die Generationen geschärft. Und ich stelle fest, die Jungen sind in vielerlei Hinsicht bemerkens- und oft auch bewundernswert. Sie sind politisch interessiert und engagiert, sie sind weniger egoistisch als frühere Generationen, sie sind informiert und motiviert, die Welt zu retten. Das gilt nicht für alle, gewiss. Aber es imponiert mir schon, wenn eine Teenagerin aus Schweden eine globale Bewegung ins Leben ruft und der Welt ins Gewissen redet. Es beeindruckt mich auch, wie viele junge Menschen zur Wahl gehen und sich auch wählen lassen, um unsere Gesellschaft mitzugestalten. Es ist beeindruckend, dass viele junge Menschen ein Freiwilliges Soziales Jahr machen, dass sie lieber auf ein Auto verzichten als auf Bio-Lebensmittel …

Auch wenn ich weiß, ich bin gar nicht so sehr gealtert, erkenne ich, dass da etwas nachkommt, das mir Respekt abnötigt. Das Leben auf diesem Planeten ist nicht einfacher geworden. Aber die Jugend von heute versucht es zu meistern, und ich wünsche es uns allen, dass sie erfolgreich sein wird!

NUR CHRONISCH ODER GLEICH TÖDLICH?

Wehwehchen und ihre Wirkung

Es war beim Wandern in den Bergen. Also gut, genau genommen bin ich selber nicht gewandert, sondern habe nur ein paar vorbeiwandernden Miturlaubern zugesehen, während ich bei einer Weißweinschorle auf der Sonnenterrasse saß, und zwar in der Absicht, den Tag zu genießen. Die Voraussetzungen waren also perfekt. Hätte ich nur nicht am Morgen beim Rasieren ein Muttermal entdeckt, das mir bis dahin nie aufgefallen war. Nun kennt man sich, wenn man die sechzig hinter sich gelassen hat, schon einige Zeit ganz gut, und ich war erstaunt, noch ein Muttermal an mir zu entdecken, das mir fremd war, zumal an prominenter Stelle. Auch die Art dieses Mals kam mir seltsam vor. Es war knubbelig, geradezu unförmig. Ja, das beschäftigte mich.

Wie wir alle wissen, ist mit Muttermalen nicht zu spaßen. Speziell ab einem gewissen Alter stehen sie nicht einfach nur für ein genetisches Erbe oder für persönliche optische Details, sie stehen auch für »Das Böse«, also jedenfalls bestimmte Muttermale – die sogenannten »Malignen Melanome«. Da steckt es schon im Namen. Allerdings wusste ich, dass Melanome sehr dunkle Hautflecken sind. Das also schien es in meinem Fall zumindest nicht zu sein. Ich machte ein Foto und schickte es einem alten Freund nach Hamburg, der dort als Urologe arbeitet. Zwar nicht unbedingt seine Fachrichtung, aber schließlich war er ja Arzt und wüsste vielleicht Bescheid.

Wusste er auch. Seine Ferndiagnose war beruhigend, wenn auch wenig schmeichelhaft: »Das ist bloß eine Alterswarze«, sagte er. »Die Dinger kommen, wenn der Hautstoffwechsel nicht mehr so gut funktioniert. Musst dir keine Sorgen machen.«

Sorgen, na ja. Tödlich schienen die Dinger also nicht zu sein. Aber würde ich bald aussehen wie ein menschgewordener Massageball, weil mir überall auf der Haut solche Knubbel wuchsen?

Tatsache ist doch: Hat man erst einmal ein gewisses Alter erreicht, wird aus jeder körperlichen Veränderung gleich ein Schreckgespenst: Mein Knie zwickt. Ob das noch jemals wieder gut wird? Meine Prostata klemmt? So hat es bei meinem Vater auch angefangen. Mein Arzt seufzt? Das Ende ist nah.

Krankheiten wirken nun plötzlich überdimensional. Jeder Pickel kann tödlich sein. Die Fragen: »Wird das jemals wieder gut?« oder »Ist das jetzt der Anfang vom Ende?« beschäftigen einen, egal wie viele Weißweinschorle man sich bestellt. Denn diesmal könnte es ja wirklich was Ernstes sein.

Früher hat man sich gesagt, ein paar Tage Ruhe und alles ist wieder gut. Jetzt denkt man: Sollte ich mein Testament ändern? Wird das von meiner Krankenkasse übernommen? Lohnt es sich noch, auf eine 14-tägige Kreuzfahrt zu gehen?

Ja, es klingt lächerlich und es ist lächerlich. Jeder Hexenschuss erinnert uns plötzlich an unsere Endlichkeit, jeder kleine Husten an das Elend, dem wir so gern entrinnen möchten und das uns am Ende womöglich doch dahinrafft.

Was aber hilft? Einfach nicht dran denken? Oder mit wachem Sinn auf die Zeichen zu achten? Wahrscheinlich ist das von Mensch zu Mensch verschieden, so wie wir auch alle ganz unterschiedlich zu Ängsten neigen.

Und auf jeden Fall ab und zu dem freundlichen Urologen ein Foto schicken, kann nie schaden!

Oder an Robert Lemkes Kommentar zu Krankheiten denken:

»Liebe ist eine tolle Krankheit – da müssen immer gleich zwei ins Bett!«

EINMAL KURZ UND SCHMERZLOS, BITTE!

Keine Angst vorm Sterben

Bei aller Liebe zum Leben und allem Bemühen, die letzten Jahre – und hoffentlich Jahrzehnte – möglichst intelligent, genussvoll und unbeschwert zu verbringen, will ich doch eines auch ganz klar sagen: Irgendwann ist die Party vorbei, dann sollte man auch gehen. Soweit es mich betrifft, darf ich behaupten, gehe ich davon aus, dass ich hoffentlich das Alter meiner Eltern erreiche. Beide wurden 97.

Trotzdem habe ich meine Sachen halbwegs gut aufgeräumt, die Kinder sind versorgt, alles ist vorbereitet für ein letztes Adieu. Wenn es sein soll, dann soll es eben sein. Was nach dem Leben kommt, weiß keiner. Wie der Tod ist, auch nicht – außer denen, die schon mal vorgegangen sind, und die verraten es ja bekanntlich nicht. Aber ganz ehrlich, ich hätte kein Problem damit, wenn nachher der Sensenmann bei mir klingelt und sagt: »Lass uns gehen, ja?«

Wenn mir das Schicksal gnädig ist, wird es ein leidensfreier Abschied, denn vor Krankheit und Schmerzen habe ich nicht weniger Angst als vermutlich die meisten von uns. Man wird sehen. Drücken wir einander die Daumen. Im Übrigen: Kein Grund zu verzweifeln. Sterblich sind wir alle. Und ich kann wirklich sagen, ich genieße mein Leben, aber ich bin jeden Tag bereit, mein Ende hinzunehmen. Ich hatte nicht zu wenig von allem. Ich hatte unglaublich viele schöne Erlebnisse, habe geliebt und gelitten, kurz: ich hatte ein gutes Leben. Dankbarkeit gegenüber dem Leben, Gleichgültigkeit gegenüber dem Tod, das trifft es vielleicht am besten.

Ich würde lügen, wollte ich behaupten, dass mir diese Haltung jederzeit gelingt.

Wahrscheinlich werde ich meine Tochter noch im Hochzeitskleid erleben und meinen Sohn beim Studienabschluss. Ich möchte mitbekommen, dass die Welt sich ändert, aber es wäre undankbar, wenn man immer nur Erwartungen ans Leben stellt. Ich übe also, mich mit großen Erwartungen zurückzuhalten und all das Schöne, das ich weiterhin erleben darf, als Dreingabe zu betrachten.

Ja, so soll es sein.

Aber vielleicht, man weiß es nicht, klingelt es heute Nachmittag oder morgen noch bei mir und der Tod steht vor der Tür. Dann werde ich ihm zuvorkommen und sagen: »Eigentlich hatte ich noch mit mindestens weiteren 25 Jahren gerechnet?«

Und er wird sagen: »Klar. Mit mir rechnet kaum jemand, viele leben, als wären sie unsterblich!«

Vielleicht kommt mir dann doch noch ein leichter Zweifel und ich frage ihn: »Möchtest du vielleicht noch eine Tasse Tee mit mir trinken?«

Und er wird hoffentlich antworten: »Gerne. Das machen wir, aber dann bei mir, in fünfundzwanzig Jahren. Nutze sie gut.«

Glück gehabt!

LUXUSPROBLEME

Wohin mit dem Geld?

In einem Interview im *Spiegel* habe ich kürzlich gelesen, dass viele Menschen trotz Ruhestand ihr Erspartes nicht ausgeben, sondern stattdessen weiter sparen! Also: Sie haben Geld fürs Alter zurückgelegt, um es sich später gutgehen zu lassen. Statt sich aber nun an ihren Plan zu halten und das hart verdiente Geld auszugeben, leisten sie sich weiterhin wenig, als wären sie unsterblich. Denn mitnehmen, so viel ist klar, kann es keiner. Dies hat mich über mein eigenes Verhalten nachdenken lassen. Wie mache ich das eigentlich?

Es ist nicht so, dass jeder über ein dickes Finanzpolster verfügt, wenn er in Rente geht. Und manche Rente ist sehr übersichtlich, da kann man wahrscheinlich nicht viel beiseitelegen.

Wie ich dem besagten Interview entnehmen durfte, betrifft das Phänomen des »Das-Geld-nicht-ausgeben-Wollens« die Wohlhabenden ganz genauso wie die Ärmeren. So überraschend es ist:

Es ist offenbar kein soziologisches Ding, sondern ein psychologisches. So ist der Mensch nun mal. Vielleicht auch bloß der Deutsche. Ich weiß es nicht. Aber seit mir diese Tatsache bewusst ist, erscheint mir manches in neuem Licht und ergibt Sinn.

Was also machen die älteren Menschen mit dem Geld, das sie zur Seite gelegt oder geerbt haben? Meine Beobachtung deckt sich mit der Analyse des Profis im *Spiegel*-Interview: Sie sparen es. Sie heben es weiterhin auf, um damit eines Tages … ja was? Den Kindern zu hinterlassen oder es mit ins Grab zu nehmen? Traurig und sinnlos.

»GESTATTEN? BESTATTER.«

Meine Begegnung mit der Unsterblichkeit

Manchmal verhelfen einem Zufallsbekanntschaften zu neuen Erkenntnissen. Mir ging das so, als ich kürzlich mit der Bahn von Hannover nach Kassel unterwegs war und neben mir ein Herr saß und in einer Fachzeitschrift blätterte: *Bestattung*. Ehrlich gesagt war mir bis dahin nicht einmal klar gewesen, dass es so etwas gibt. Obwohl es natürlich völlig einleuchtet. Jede Branche hat ihre speziellen Medien.

Nachdem ich einige Zeit unauffällig in das Blatt gelinst hatte (da gab es Anzeigen für Teelichter »Katze – orange-braun-weiß« oder »Tropfen – groß-rosé«, Einweg-Tragelaken und Bettzeug passend zur Urne), folgte ein Artikel über »digitale Kundenbetreuung« ...

Ich war noch am Überlegen, wie man es wohl so anstellte, sich online einäschern zu lassen, da blätterte der Herr neben mir weiter und vertiefte sich in die Probleme der Holzpreisentwicklung. Ich räusperte mich. »Entschuldigen Sie?«

»Ja?«

»Also, die Zeitschrift, die Sie da lesen …«

»*Bestattung?*«

»Ja, genau. Der Artikel auf dem Titel würde mich interessieren. Ich meine, falls Sie mir das Heft nachher mal ausleihen würden, netterweise …«

»Aber gerne!« Er klappte das Blatt zu und stellte fest: »Sie meinen den Artikel ›Unsterblich‹?«

»Genau.«

»Dann könnte ich meinen Job an den Nagel hängen«, meinte er und reichte mir die Zeitschrift. »Heckel. Bestatter.«

»Oh. Du Mont. Ähm. Schauspieler.«

Er sah mich lächelnd an und sagte: »Ach. Da haben Sie bestimmt mal einen Toten gespielt, was?«

»Einmal?« Ich lachte. »Ich weiß gar nicht, wie oft ich schon auf der Bühne und im Film gestorben bin.«

»Und auch schon jemanden umgebracht?«

»Jede Menge. Also nicht in echt, natürlich.«

»Natürlich.« Er nickte. »Schon erstaunlich, was? Wussten Sie, dass jeder Deutsche bis zum Erreichen seines achtzehnten Lebensjahres durchschnittlich dreihundert Leichen in Film und Fernsehen gesehen hat, aber nur jeder zehnte einen echten Toten?«

»Na ja«, gab ich zu bedenken. »Echte Tote laufen ja auch nicht so viele herum.«

»Trotzdem. Früher war das anders. Da hatten die Menschen noch einen Bezug zum Tod. Da hat man die Oma noch zu Hause gehabt, hat noch Totenwache gehalten. Da ist man sozusagen mit dem Tod aufgewachsen, er hat zum Leben dazugehört. Heute haben wir ihn schön ausgelagert. Die Leichen werden so schnell abgeholt wie nur möglich, die Särge sind oft nicht mehr offen, Totenwache hält auch kaum noch jemand …«

»Tja, wenn wir irgendwann wirklich unsterblich werden, dann stellt sich die Frage gar nicht mehr«, meinte ich mit Blick auf das Magazin.

»Unsterblich? Aber das sind wir doch schon«, erklärte mir der Bestatter und holte sein Handy heraus. Zweimal Wischen, zweimal Tippen später hielt er mir das Facebook-Profil eines Kunden unter die Nase. »Dieter Rauscher. Ist vor zwei Monaten gestorben. Gucken Sie mal auf die Likes!«

Die Zahl war in der Tat beeindruckend. »Das war vor seinem Tod, oder?«

»Im Gegenteil! Vor seinem Tod hatte er jahrelang nichts auf Social Media gemacht. Aber jetzt kümmert sich seine Enkeltochter um sein Profil.«

»Wozu denn?«

»Na, es geht um das Ewige Leben!« Der Bestatter lächelte. »Früher haben die Angehörigen Messen lesen lassen. Gibt es natürlich auch heute noch. Aber zum Beispiel das Facebook-Profil pflegen ist auch eine Variante, des Verstorbenen zu gedenken. Es gibt Leute, die schon zu Lebzeiten Posts machen für die Zeit danach.«

»Das ist doch verrückt, oder?«

»Finde ich nicht«, klärte mich der Fachmann auf. »Manche Menschen bauen eben lieber vor und übernehmen auch Verantwortung für ihr Nachleben.«

Ich musste unvermittelt an die Grabstelle denken, die ich mir gekauft hatte. Im Grunde war das gar nicht so anders: Auch da geht es darum, wie man sich nach dem Tod aufgehoben fühlen möchte. Das Grab ist ein Ort des Gedenkens, die eigene Facebook- oder Instagram-Seite auch. Nur moderner.

In der Zeitschrift ging es dann genau darum: Wie Menschen durch ihren digitalen Doppelgänger praktisch unsterblich werden. Wie sie quasi als Avatare ihrer selbst ewig weiterleben. Man nennt es virtuelle Erinnerungskultur. Es ist wirklich eine erstaunliche, merkwürdige Sache – und nichts für mich. Mir vorzustellen, dass nach meinem Ableben jemand mein Leben für mich »weiterlebt«, mit meinem Bild macht, was ihm in den Sinn kommt, mir womöglich Wörter in den Mund legt, die ich nie hätte sagen wollen, »Freundschaften« pflegt, die ich nie eingegangen wäre … Deshalb hier mein Wunsch an die Nachwelt: Löscht bitte rechtzeitig meine Accounts auf den Sozialen Medien. Ich möchte kein digitaler Untoter sein. Denn nichts anderes ist mit virtueller Unsterblichkeit letztlich gemeint.

TIME TO SAY GOODBYE

Die dunkelsten Momente

»Ungeschönt« heißt dieses Buch. Und im Untertitel wird versprochen: »Altwerden war auch schon mal schlimmer.« War es auch. Einerseits. Aber manchmal bedeutet ungeschönt leider wirklich: hart, bitter und, ja, auch ehrlich. Wenn es eines gibt, was ich am Älterwerden nicht mag, dann ist es die Tatsache, dass wir, je älter wir werden, umso mehr Weggefährten verlieren. Es fängt unauffällig an und man denkt nicht ans Altern. Plötzlich erwischt es einen guten Freund, der beim Motorradfahren in den Alpen die Haarnadelkurve nicht perfekt genommen hat – und auf einmal findet man sich auf seinem Begräbnis wieder. Ein Schock, gewiss, aber noch keiner, der mit dem Lebensalter zu tun hat. Es hätte ihn auch schon mit zwanzig erwischen können.

Dann, irgendwann, trifft sich ein alter Freundeskreis auf der Beerdigung einer Mitschülerin. Krebs. Mit Mitte fünfzig. Erschüttert blicken wir uns an und sehen, dass etwas mit uns geschehen ist: Wir sind älter geworden. Aber darf das sein, dass eine Frau in der Blüte ihrer Jahre einfach so von einer Krankheit dahingerafft wird, die man in dem Alter nicht unbedingt erwartet hätte? Oder liegt die Blüte der Jahre womöglich schon hinter uns?

Es vergehen ein paar Jahre, vielleicht hat man Glück und es stirbt niemand aus der gleichen Generation, vielleicht aber doch und es kommt zu weiteren traurigen Verlusten. So oder so, irgendwann kommen die Einschläge näher und man findet sich vielleicht in der Rolle des regelmäßigen Lesers der Todesanzeigen wieder. Man liest sie in der Hoffnung, niemanden zu finden, den man kennt. Was leider schwer möglich ist. Denn es werden ja naturgemäß immer mehr. Zumeist die älteren Freunde und Bekannten. Dann irgendwann diejenigen, die ungefähr gleich alt sind wie man selbst. Schlimm wird es, wenn plötzlich Menschen nach drüben wechseln, die jünger, womöglich deutlich jünger sind.

Die Frage »Warum gerade er?« oder »Warum gerade sie?« hat mich schon manches Mal umgetrieben. Es gibt immer wieder den Fall, dass ausgerechnet diejenigen, die besonders achtsam gelebt haben, die immer versucht haben, vorsichtig zu sein, gesund zu essen, Sport zu treiben, die es nicht übertrieben haben mit allem, was schädlich ist – dass ausgerechnet die viel zu früh versterben. Warum? Ich weiß es nicht.

Es liegt kein Trost darin, dass man überlebt hat. Vielmehr ist es ein niemals enden wollender Schmerz, so viele geliebte Menschen verlieren zu müssen. Zusehen zu müssen, wie sie beklagt, begraben und oft auch schnell vergessen werden. Jeden Tag stirbt dann ein wenig von uns, doch nie stirbt es ganz, bis wir selbst sterben.

WAS ICH NOCH MACHEN MÖCHTE

Und bisher nie dazu kam

Vor einiger Zeit saß ich mit Freunden in einem Café am See und blickte aufs Wasser – und dann in den Himmel. Und siehe da: Ein Heißluftballon schwebte über uns hinweg! Majestätisch, gelassen, wunderschön. Nun bin ich in meinem Leben noch nicht im Heißluftballon geflogen. Aber natürlich habe ich öfter welche gesehen. Und mir dann immer gedacht: Was muss das schön sein, sollte ich auch mal machen.

Es fragt sich also, warum ich es bis jetzt nicht getan habe. Was, wenn ich morgen das Zeitliche segne? Gewiss, die meisten Menschen hauchen ihr Leben aus, ohne je im Freiballon durch die Lüfte geschwebt zu sein. Man sieht im Fernsehen eine Doku über Machu Picchu in Peru, ist schwer beeindruckt – und fährt trotzdem nicht hin. Man verfolgt gebannt jedes Wimbledon-Finale – und nimmt selbst doch nie einen Tennisschläger zur Hand.

Warum sollte man nicht selbst endlich eine Reise in die Anden unternehmen, warum nicht doch mal mit dem Ball auf den Platz, statt immer nur anderen zuzugucken, wie sie das machen.

Ich habe beschlossen, mir eine Liste zu machen. Eine Liste mit den Dingen, die ich gerne noch tun oder erleben würde. Wer weiß, wie viel Zeit mir dafür noch bleibt. Wer weiß, wie viele Punkte auf der Liste ich werde abhaken können. Aber mit jedem einzelnen dieser Punkte, so viel weiß ich sicher, werde ich ein Plus an Freude haben. Freude darüber, dass ich mir etwas gegönnt habe, was ich mir schon lange gewünscht habe.

Auf Platz 1 meiner Liste steht also jetzt Ballonfahren. Das sollte sich irgendwie einrichten lassen.

Platz 2: Einen Wohnwagen mieten und durch Andalusien fahren.

Platz 3: Mich so richtig in der Öffentlichkeit danebenbenehmen. Ich weiß noch nicht wie, aber es ist eine Art Mutprobe mit Genugtuungsfaktor. Mein Leben lang wollte und musste ich ein Gentleman sein. Jetzt einfach mal die Sau rauslassen!

Platz 4 auf meiner Liste wird nicht verraten. Manche Dinge gehören nicht in die Öffentlichkeit.

Platz 5 wird eine Herausforderung. Ich bin nicht der allermusikalischste Mensch. Aber ich würde gerne ein Instrument beherrschen. Am liebsten Klavier. Beethovens *Appassionata* wird es wohl nicht mehr werden, dafür fehlen mir ein paar Jahrzehnte Zeit zum Üben. Aber wenn ich es zu einem langsamen Satz aus einer Nocturne von Chopin brächte oder zur vereinfachten Form von Debussys *Clair de Lune*, das wäre eine Erfüllung.

Die Plätze 6 bis 10 sind noch unbesetzt. Oder vielmehr: Es streiten sich eine ganze Reihe von Ideen und Wünschen, Träumen und Launen darum, sie zu besetzen. Letztlich ist es egal. Auch die Reihenfolge spielt keine Rolle.

Worauf es ankommt, ist, dass man noch Träume hat, dass man sich noch was vornimmt. Dass man sich nicht dadurch abschrecken lässt, dass man womöglich nur noch sieben Takte lernt, und sich beim achten nicht mehr merken kann, wie der erste war, den man kurz vorher gelernt hatte. Das Gedächtnis beginnt bereits im Alter von vierzig einen im Stich zu lassen. Aber vielleicht habe ich ja doch noch 25 Jahre, um mir noch ganz viele Takte zu merken.

Und manche Arbeiten und Vorsätze sollte man Dutzende Male immer wieder verschieben, um sie dann wenigstens endgültig zu vergessen. Und damit haben wir die direkte Überleitung zum nächsten Kapitel.

WAR DA WAS?

Vergessen Sie die Vergesslichkeit

Keine Frage, eines der ganz großen Schreckgespenster, denen wir uns im Alter zunehmend irgendwann gegenübersehen, ist die Demenz. Ich kenne niemanden, der nicht schon voller Sorge darüber nachgedacht hätte, was wohl wäre, wenn er nach und nach seine geistigen Fähigkeiten verlöre. Denn natürlich wollen wir intellektuell nicht abbauen und ein selbstbestimmtes Leben führen, selbst wenn wir vielleicht aus körperlichen Gründen manche Einschränkung hinnehmen müssen. Sobald sich aber Alzheimer andeutet, sieht es um diese Selbstbestimmtheit düster aus. Das Einzige, was wir dann tun können, ist, so viel wie möglich zu regeln, solange wir dazu noch in der Lage sind. Und dann unser Schicksal in andere Hände geben. Glücklich, wer Menschen um sich hat, auf die er sich verlassen kann.

Zum Glück ist es aber nicht immer gleich Demenz, die sich in geistigen Dingen bemerkbar macht. In den allermeisten Fällen ist es eher harmlose Vergesslichkeit. Wo liegen die Autoschlüssel? Wo steht das Auto? Ob noch genug Benzin im Tank ist? Wo wollte ich eigentlich hinfahren und was wollte ich dort?

Viele werden im Alter vergesslicher. Ich habe lange gegrübelt, ob das so sein muss und woher um alles in der Welt das kommt. Da ich in der Hinsicht leider nicht über wissenschaftliche Expertise verfüge, habe ich mich mit einer laienhaften These zufriedengegeben: Ich glaube, wer ein gewisses Alter erreicht hat, hat gelernt, zu selektieren. Man merkt sich nicht mehr jeden unwichtigen Kleinkram. Wichtig ist, dass man die wichtigen Dinge parat hat, also sowas wie »Auf welchem Kanal kommt das Champions-League-Spiel?« oder »Was werden die Franzosen im Weltsicherheitsrat als Nächstes sagen?«. Das ist es, worauf es ankommt. Für Dinge wie Autoschlüssel, Parkplatz oder Tankfüllungen sollte man jenseits der sechzig tolerant mit sich sein.

Vergesslichkeit ist etwas, worüber man sich selbst oft gar nicht so ärgert, wofür man aber ständig Kopfschütteln oder sorgenvolle Anteilnehme erntet: »Ach, Sky, Mensch du, dein Gedächtnis ist aber auch nicht mehr das allerbeste, was?«

Der Klassiker sind Namen. Die guten alten Freunde kenne ich natürlich. Alle, die mir wirklich wichtig sind, sowieso. Aber was machst du mit den tausend Leuten, die du kennenlernst, weil es sich so ergibt. Auf der Hochzeitsfeier von Olga. Bei dem Online-Meeting mit www.instant-gedächnisverlust.de. Oder bei der Premiere des neuen Spiderman-Films … »Darf ich dir hier noch den Eric vorstellen? Der ist Second Editor im Back-Office von Power-Shower-Pictures … Und hier, die Tessa. Hat im Casting fast unsere Hauptdarstellerin Jalencavic rausgeworfen, aber du weißt ja, die Henriette ist da gnadenlos. Und wenn der John ihr nicht Kontra gibt, dann ist sogar die Tatjana machtlos. Aber wir haben sie jetzt trotzdem für unsere nächste Produktion engagiert und …«

Alles klar: Wer merkt sich denn sowas??? Da lob ich mir die gute alte Vergesslichkeit. So ein Abend bei einer Filmpremiere ist ab einem gewissen Alter eine echte Zumutung.

Und falls wir vieles von diesen Dingen eines Tages nicht mehr wissen sollten, weil eben doch Herr Alzheimer um die Ecke gekommen ist, werden wir das wohl auch nicht bemerken und bereits vergessen haben.

Theodor Heuss meinte dazu: »Vergessen ist eine Gefahr und Gnade zugleich.«

Auch ein Trost.

DAS BUCH DER ERINNERUNGEN

Oder: Die Pralinen darfst du selber essen

Apropos Vergesslichkeit! Kürzlich feierte einer meiner ältesten Freunde, Erwin, seinen Achtzigsten. Ich war eingeladen und durfte ihn im Kreise von Familie und Freunden hochleben lassen. Natürlich habe ich mich im Vorfeld wochenlang gefragt, was man jemandem schenken soll, der doch sowieso längst alles hat. Aus dem Grund gab es Berge von Blumen, denen es an der nötigen Anzahl Vasen mangelte und die wenige Tage später verblüht sein würden, jede Menge Wein, die er aus gesundheitlichen Gründen vermutlich nie wird zu sich nehmen können, Pralinen ebenso wegen des hohen Cholesterins, gerahmte Bilder, zu denen man eigentlich noch ein paar freie Wände hätte schenken müssen, damit sie irgendwo Platz finden. Bücher, obwohl ich weiß, dass er wegen der schlechten Augen kaum noch liest. Und dann war da ein Päckchen, in dem ein etwas anderes Buch enthalten war: ein Blankbuch, also eines, in dem nichts drinsteht. Oder jedenfalls fast nichts. Es hieß: »Erzähl mal, Opa!«, oder etwas in der Art. Eine Aufforderung, Begebenheiten aus dem eigenen Leben in das Buch zu schreiben.

Ich kannte so etwas bisher nur für Babys. Mein erstes Jahr oder so ähnlich heißen diese Bücher, in denen dann eher nicht das Baby, sondern die Eltern stellvertretend fürs Kind die wichtigsten Ereignisse aus dem jungen Leben des Säuglings berichten. Da geht es dann um die erste Haarlocke, die man einkleben kann, um den ersten Zahn, den man bekommen hat, und um das erste Wort, das dem Nachwuchs für alle verständlich über die Lippen gekommen ist.

So war das Blankbuch für Erwin nicht gemeint. Sprich, er sollte nicht seine letzte Haarlocke einkleben, seinen letzten Zahn dokumentieren oder das letzte Wort aufschreiben, das ihm noch verständlich über die Lippen kam.

Nein, was hier gemeint war, waren die Erlebnisse und Begebenheiten, die man aus einem gelebten Leben zu erzählen weiß. Keine Belanglosigkeiten wie »Mein erstes Wort: Mama« oder »An diesem Tag habe ich zum ersten Mal in die Windeln gemacht: Heiligabend 2022«, sondern Begebenheiten, die das eigene Leben ausgemacht haben, die einem selbst etwas bedeuten oder die auch einfach nur für die Nachkommen erhalten bleiben sollten. Erwin war gerührt. Vielleicht, weil er immer mal wieder beklagt hatte, dass sich keiner interessiert, wie es früher so war. Als Erwin in die Schule kam, war der Krieg gerade vorbei. Was hat das für die Kinder bedeutet? Hatte da jeder sein eigenes Schulbuch? Hefte? Stifte? Heute beklagen wir, dass die Kinder oft

Berge an Büchern hin und her schleppen müssen, dass die Klassen mit fast 30 Kindern übervoll sind, dass die Digitalisierung an den Schulen so schleppend geht. Stimmt alles. Aber damals, weiß ich, gab es oft Klassen mit fünfzig Schülern. Ganz einfach, weil es an Raum und an Lehrkräften mangelte. Damals hatten viele Kinder nicht das Allernötigste für die Schule. Wie war das bei Erwin? Wie war es für ihn, mit vierzehn Jahren eine Lehre zu beginnen? Damals durften die Lehrherren die Lehrlinge noch körperlich züchtigen! Man kann sich sowas heute gar nicht mehr vorstellen. Man ist mit erst 21 Jahren volljährig geworden. Frauen durften ohne Erlaubnis ihrer Ehemänner nicht berufstätig sein. Verrückte Welt. Aber es war die Welt von damals. Es war die Welt des Kalten Krieges, aber auch die Welt von Rock 'n' Roll und etwas später dann von sexueller Revolution und Hippietum. Na ja, über die Phase mit der sexuellen Revolution wird mein lieber Freund Erwin vermutlich nicht sehr viel in das Buch schreiben. Aber darum geht es auch gar nicht. Es geht nicht darum, die Vergangenheit weiträumig zu dokumentieren, sondern darum, Erinnerungen, die einem persönlich wichtig sind, zu bewahren. Man kann Jahre später noch darin blättern wie in einem Fotoalbum – und vor allem können die Lieben, die man zurücklässt, ein wenig besser begreifen, was für ein Mensch der Opa war oder die Oma, was sie beschäftigt hat, was sie geleistet haben, worauf sie stolz waren, was ihnen im Leben wichtig war und wie sie sich selbst gern gesehen haben.

Ich hätte gerne ein solches Buch von meiner Großmutter. Ich würde mir wünschen, sie hätte darin ein wenig aus ihrer Kindheit aufgeschrieben, denn das ist lange her, und es würde mich interessieren, wie das damals bei ihr war. Hatte sie ähnliche Sorgen und Nöte wie ich? Hatte sie ähnliche Träume und Hoffnungen? Was hat sie über die Welt gedacht, in der sie lebte?

Nein, so ein Blankbuch für persönliche Erinnerungen ist eine richtig gute Erfindung, wenn Sie mich fragen. Und als Geschenk ist es auch eine Würdigung, weil es ja besagt: Ich interessiere mich für dich und dein Leben!

Nun wüssten Sie vielleicht gerne, was ich ihm geschenkt habe. Ja, was schenkt man jemandem, der schon alles hat? Ich habe ihm Musik geschenkt, ich habe einen Pianisten engagiert, der uns an diesem Abend mit Erwins Lieblingsliedern unterhalten hat – und er hat es gut gemacht. Auf die Weise habe ich vielleicht sogar einen kleinen Beitrag zu Erwins Erinnerungsbuch geleistet. Jedenfalls hoffe ich, dass die Feier ihm in bester Erinnerung bleiben wird.

AUFRÄUMEN!

Und zwar schnell

So wie es für die persönlichen Erinnerungen einen Raum geben sollte, so sollte es eine Art Warnmechanismus geben, den ganzen Rest an materiellen Dingen nicht allzu akribisch aufzubewahren. Na ja, eigentlich sollte man sich möglichst von allzu viel Krempel trennen. Ich weiß, wovon ich spreche: Als meine Mutter hochbetagt starb, war ich wochenlang damit beschäftigt, den Haushalt aufzulösen. Das hat nicht nur unendlich viel Arbeit bereitet, sondern oft auch wehgetan. Denn ich musste erkennen, dass vieles, was meine Mutter gehütet hat, für die Nachwelt vollkommen wertlos war.

Unfassbar, was sich in einem Leben, das 98 Jahre währt, so alles ansammelt.

Es grenzt an Zumutung für die Hinterbliebenen, Dinge wie Bettwäsche und Porzellan ausmisten zu sollen, die seit fünfzig Jahren niemand mehr benutzt hat, Nippes, das meiner Mutter selbst nicht hübsch genug erschien, um es aufzustellen, kistenweise aus dem Keller zu zerren, oder ganze Berge von Hand- und Badetüchern, »die man ja vielleicht nochmal brauchen könnte«, zu entsorgen. Der Keller stand voll von Zeug, die Garage auch. Es gab Vorhänge aus den Fünfzigern, Transistorradios aus den Sechzigern, Kontoauszüge aus den Siebzigern, Liebesbriefe aus den Achtzigern ...

Wir machen es unseren zukünftigen Erben schwer. Entweder sie verbringen selbst viel Zeit damit, unsere Wohnung zu entrümpeln, oder sie beauftragen ein Fachunternehmen. Denn das ist ja längst eine riesige Branche geworden: Firmen, die die Häuser Verstorbener ausräumen und verwerten, was zu verwerten ist. Ich wüsste zu gerne, wie oft sich in dem Stapel Küchentücher ein Umschlag mit Banknoten findet, von dem keiner der Erben je erfährt, oder wie viel Schmuck in irgendwelchen Zuckerdosen darauf wartet, einem dankbaren »Arbeiter« in die Hände zu fallen oder unbemerkt auf dem Wertstoffhof im Eisenschrott zu landen.

Das sollten wir unseren Kindern und Enkeln nicht antun. Deshalb habe ich beschlossen, an meinem 90. Geburtstag aufzuräumen, also noch lange hin.

Ich will nicht mehr jeden Unsinn aufheben, den ich weder mit ins Altersheim noch mit ins Grab nehmen kann. Zeichnungen und Basteleien meiner Kinder, Zeug, das ich die letzten zehn Jahre nicht mehr angeschaut habe, kommt auf den Sperrmüll. Was mir wichtig ist, bekommt einen entsprechenden Platz.

Ja, ich bin ein großer Befürworter der Konzentration aufs Wesentliche. Jetzt muss ich bloß noch einen Weg finden, aus der Theorie auch Praxis werden zu lassen. Und ich bin sicher, dass mir das in den nächsten 15 Jahren locker gelingen wird.

JUGENDLICH BIS INS GRAB

Kann man mal probieren …

Neulich habe ich einen Podcast gehört zum Thema Älterwerden. Podcasts heißt das jetzt, weil es nicht mehr im Radio läuft. Früher lief es im Radio und hieß Sendung oder Magazinbeitrag, Reportage oder Interview. Jedenfalls ging es in dem Podcast nicht einfach ums Altern, sondern eigentlich um das Gegenteil: jünger werden!

Nein, es war keine Science-Fiction. Es war auch keine Comedy. Vielmehr war es der ernstgemeinte Versuch, Wege zu finden und Lösungen zu zeigen, wie wir alle nicht nur älter, sondern viel älter werden, während wir gleichzeitig nicht nur gesund bleiben, sondern sogar einen Prozess der Verjüngung erleben. Ich gebe zu, ich habe gestaunt. Ich mag mir gar nicht vorstellen, wo das enden soll.

Zurück zum Kern des Themas. Seriöse Wissenschaftlerinnen und Wissenschaftler haben nämlich herausgefunden, dass unser Körper nicht zwangsläufig altern müsste, jedenfalls nicht ungebremst. Und dass unsere Zellen sogar für eine Art Verjüngung sorgen können. Das ist erstaunlich. Und, ja, ich gebe zu, es regt die Fantasie an. Meine Bandscheiben zum Beispiel könnte ich mir gut um einige Jahrzehnte jünger vorstellen. Meine Augen, meine Knie, meine … Nun gut, bei jedem gibt es etwas anderes, was er gerne jünger hätte. Fragt sich nur: Wie um alles in der Welt bekommen wir das hin?

Ich habe mal ein paar Fotos der Forscher gegoogelt, die mich an ihrem Wissen haben Anteil nehmen lassen. Alle nicht mehr die jüngsten Semester. Was mich überrascht hat. Dass so ein Medizinprofessor trotz seiner außerordentlichen Kenntnisse auf dem Feld der Verjüngung immer noch mit ergrautem Haarkranz statt üppigem Blondschopf herumläuft, hätte ich nicht erwartet. Eigentlich hätten sie alle jünger aussehen müssen. Deutlich. Aber gut, Tennistrainer haben ja auch nicht immer die durchtrainiertesten Körper.

Was also ist es, das Geheimnis ewiger Jugend und Schönheit? Ich war schon sehr neugierig und habe herausgefunden, dass es wohl eine Mischung aus Dingen ist, die ich entweder sowieso tue, die mir gar nichts sagen und die ich nie tun würde. Fangen wir bei Ersterem an: Sport, gemüselastige Ernährung, nicht rauchen, nicht saufen, viel schlafen, nicht zu viel arbeiten … Zu wissen, dass das etwas bringt, dafür braucht es keine wissenschaftlichen Koryphäen, das hat schon meine Großmutter gesagt. Was nicht heißt, dass die Forscher nicht recht hätten. Sie haben halt inzwischen auch herausgefunden, was meine Oma selig schon wusste.

Dinge, die mir gar nichts sagen, drückten sich aus in Sätzen wie: »Wenn Sie das NAD im Körper auffüllen möchten, sind Sie gut beraten, auf Niacin bzw. Nikotinsäure zu setzen …« Aha. »Also das klassische Vitamin B 3.« Das immerhin sagte mir was. »Sie können aber auch auf die Vorstufe davon, das Nicotinamid-Ribosid, kurz NR, setzen oder alternativ die Vorstufe NMN zuführen. Tryptophan wird ja auch in NAD umgewandelt.« Stimmt. Hätte ich beinahe vergessen. »Und NAD, dessen Bildung von allen Vorstufen unterstützt wird, wirkt wiederum aktivierend auf Sirtuin 1 – unser Langlebigkeitsenzym!«

Wow. War mir so nicht klar. Ist es allerdings immer noch nicht. Soweit ich es verstanden habe, setzt gesunde Langlebigkeit im wissenschaftlichen Sinne jedenfalls einen IQ voraus, der weit jenseits dessen liegt, was ich beisteuern kann.

Womit wir zum dritten Teil kommen: den Dingen, die ohnehin nicht in Betracht kommen. Denn so, wie ich die Expertinnen und Experten verstanden habe, sollte man alles, was Freude macht, weitgehend einstellen, dafür aber auf einen unübersehbaren Cocktail an Nahrungsergänzungsmitteln und Präparaten setzen, deren Namen für mich klingen wie die Bordapotheke aus »Schweine im Weltall«. Ich erspare Ihnen die Einzelheiten.

Obwohl ich zwar zu der Erkenntnis gelangt bin, dass ich wohl nicht zu den Glücklichen gehören werde, die topfit ihren 125. Geburtstag im Golfclub feiern werden, ehe sie in die Disco gehen, um noch ein bisschen abzutanzen, hat mir der Beitrag etwas gebracht – und das ist schließlich die Hauptsache, wenn man schon seine Zeit investiert, nicht wahr? Er hat mir nämlich die Erkenntnis gebracht, dass ich keine Lust habe, einen Großteil meiner Zeit, meines Vermögens und meiner Lebensfreude allein dafür einzusetzen, möglichst ja nicht älter zu werden. Lieber halte ich es mit Oscar Wilde, der gesagt haben soll: »Am Ende wird alles gut. Wenn es nicht gut wird, ist es noch nicht das Ende.«

FREUNDSCHAFT

Das beste Mittel gegen Einsamkeit

Ein Problem beim Älterwerden ist oft die zunehmende Einsamkeit. Damit meine ich gar nicht unbedingt das physische Alleinsein. Aber manche leiden ja schon unter einer Art von innerer Vereinsamung, obwohl sie noch mitten im Leben stehen. Mir ist das zum ersten Mal aufgefallen, als ich – da mag ich Mitte fünfzig gewesen sein – bemerkt habe, dass alles an mir zerrte und jeder was von mir wollte.

Wie es mir geht, was meine Bedürfnisse sind? All das geht unter in den Bemühungen um Kinder, Eltern und Beruf. In dieser Phase des Lebens passiert es oft, dass man versucht innezuhalten und man kaum mehr weiß, wie es weitergehen soll.

Ich erinnere mich noch an meine Großmutter in der Ecke sitzen und alles schweigend verfolgen. Niemand hat sie angesprochen, niemand etwas von ihr gewollt. Nicht etwa, weil sie nicht beliebt gewesen wäre. Man hat einfach nicht daran gedacht!

Alte Leute werden für den Rest der Familie oft wie Möbelstücke: Sie sind da, aber man braucht und beachtet sie nicht.

Doch selbst wenn jemand im Alter Beachtung erfährt, ist er nicht vor Einsamkeit gefeit. Wenn ich da an meinen Onkel Kurt denke! Er hatte viel Ansprache. Oder sagen wir: viel Ansage. Die erfolgte durch Tante Anni. Stellen Sie sie sich als selbstbewusste, resolute Frau vor, eine, die weiß, was sie will. Sie hat Onkel Kurt eigentlich nie anders angesprochen als in Form von Vorwürfen. Manchmal mag es auch nur Spott gewesen sein. Dabei hätte ich nichts Negatives über ihn zu sagen gewusst. Onkel Kurt war freundlich, langweilig und ein bisschen übergewichtig. Und langmütig war er auch. Jahre-, vermutlich jahrzehntelang hat er sich das Genörgel meiner Tante angehört. Und geschwiegen. Heute weiß ich, dass er ein sehr unglücklicher, vor allem ein sehr einsamer Mann gewesen sein muss. Er hat sich zurückgezogen und die Vorwürfe über sich ergehen lassen. Und weil er meines Wissens kaum Freundschaften gepflegt hat, gab es in seinem Leben niemanden, mit dem er seinen Kummer, den er zweifellos hatte, hätte teilen können.

Längst sind sie beide tot. Aber ich denke mir, ein Freund wäre hilfreich gewesen. Denn meine Erfahrung ist, dass es oft leichter fällt, Dinge mit Freunden zu besprechen als mit dem Partner. Warum nur?

Erzähle ich einem Freund von meinen Sorgen, weiß ich, dass er zwar Anteil nimmt, aber am Abend mit seinen eigenen Problemen ins Bett geht. Freunde sind einem nah, aber nicht zu nah, sie können ein Problem wichtig, aber nicht persönlich nehmen.

Freunde sind Stützen, die ihre Last nur kurze Zeit tragen müssen. Das macht sie stärker. Und das macht es uns leichter, sie zu belasten. Es ist wichtig, Freunde zu haben, vor allem, wenn man älter wird.

Leider passiert es vielen von uns, dass sie im Laufe der Jahre und Jahrzehnte viele Freunde verlieren, sei es, weil die unterschiedlichen Lebenswege einen auseinanderdriften lassen, sei es, weil einer stirbt, sei es, weil man gemeinsame Interessen nicht mehr teilt. Es gibt unendlich viele Möglichkeiten, auch im Alter noch neue Freunde zu gewinnen. Wenn wir es zulassen.

FUN, FUN, FUN

'Til her daddy takes the T-Bird away

Kennen Sie, oder? Die Beach Boys. Irgendwie hat kaum einer den Text verstanden damals, aber getanzt haben wir wie die Wilden zu diesem Song. War das nicht fantastisch? Diese Zeiten, in denen einfach die Post abging und wir gar nichts anderes mehr im Sinn hatten als Spaß, Spaß, Spaß. Also ich habe das geliebt. Und ja, ich gebe zu, ich war verdammt unvernünftig in einer nicht allzu kurzen Phase meines Lebens. Ich weiß nicht, ob es die Zeiten waren oder ob es bloß das Lebensalter war. Vielleicht war es ja beides: Man hatte früher mehr Spaß – und man hat sich früher mehr getraut.

Wieso um alles in der Welt ist man ernsthafter geworden? Und was hat uns das gebracht?

Mag sein, dass es lebensverlängernd war, weil wir eben nicht mehr – wie es die Beach Boys besingen – wie Formel-1-Piloten mit dem Thunderbird über die Straßen gedonnert sind und uns deshalb nicht eines Tages um den Baum gewickelt haben. Vielleicht hat es uns auch eine schöne Karriere gebracht, Haus und Hund, Ehepartner und Kinder. Das sind immerhin gute Gründe, dass man nicht mehr nur an sich gedacht hat. Aber spricht eigentlich irgendwas dagegen, aus der ernsthaften Phase des Lebens wieder herauszutreten? Gibt es auch einen guten Grund, weiterhin Zurückhaltung zu üben, wenn wir unser Soll erfüllt haben? Die Kinder sind aus dem Gröbsten raus, die Ehe ist vielleicht vorbei … Warum nicht jetzt ein Cabrio mieten und in den Süden fahren? Warum nicht endlich mit dem Wohnmobil aufbrechen, ohne genau zu wissen, wohin und für wie lange? Warum nicht endlich mal wieder ein Wochenende durchmachen?

Statt Einkaufslisten sollten wir Wunschlisten schreiben.

Nicht an morgen denken, sondern das Heute genießen. Wir alle kennen den Spruch: Carpe diem – Nutze den Tag! Sehr klug, diese Anleitung zum richtigen Leben. Die meisten haben den Spruch allerdings als Anweisung verstanden, stets fleißig und sparsam, eifrig und brav zu sein. Soweit es meine Kinder betrifft, bin ich ja durchaus damit einverstanden, dass sie »was aus sich und ihrem Leben machen«. Aber soweit es mich selbst betrifft: Ich bin längst geworden, wer ich bin, und ich habe längst geschaffen, was ich schaffen wollte. Ich will den Tag nutzen. Ich will ihn genießen. Und das werde ich!

WOHIN WIR GEHEN

Last Exit Seniorenheim?

Alt werden bedeutet für viele auch Vereinsamung. Die Partnerin oder der Partner ist vielleicht irgendwann nicht mehr da. Die Kinder sind längst aus dem Haus, leben ihr eigenes Leben, interessieren sich für andere Dinge, ziehen womöglich sogar in eine andere Stadt. Man sieht sich nur noch gelegentlich. Man telefoniert – anfangs mehr, dann meist weniger. Aus den Augen, aus dem Sinn, so geht es in vielen Familien.

Solange man selbständig ist, solange man eigene Interessen hat und etwas mit sich selbst anzufangen weiß, ist das nicht schlimm. Aber nicht alle sind mobil, manchen machen körperliche Einschränkungen zu schaffen, manchen schlägt das Alleinsein aufs Gemüt. Ab einem gewissen Alter drängt sich der Gedanke auf, wo wir eigentlich die letzten paar Jahre unserer Lebenszeit verbringen werden. Und wie. In den eigenen vier Wänden? Bei den Kindern? Oder womöglich im Heim?

Viele Menschen haben Angst davor, im Alter »ins Heim gesteckt« zu werden. Sie betrachten es als eine Art unausgesprochener Entmündigung. Lebe ich im Heim, dann muss ich mich an Regeln halten, die ich nicht selbst aufgestellt habe. Überhaupt: Der Gedanke, vielleicht nur ein einziges Zimmer zu bewohnen, während rings um mich ebenfalls lauter alte Menschen leben, hat schon etwas Erschreckendes. Einer nach dem anderen stirbt, die Einschläge kommen immer näher. Nirgendwo ist die Dichte an Gehhilfen, Hörgeräten und Inkontinenzeinlagen höher als im Altenheim. Im Grunde ist das Heim für die letzten Lebensjahre ein einziges Dilemma.

Ich habe viele Lesungen in Altenheimen gehalten. Ich habe diese Abende immer sehr genossen. Nach den Lesungen habe ich oft mit den Senioren geplaudert. Es überraschte mich immer wieder, wie kommunikativ viele waren. Sie waren an Jahren alt, aber im Geiste jung, neugierig, aufmerksam und vor allem dankbar für die Abwechslung.

Es ist es wichtig, sich frühzeitig Gedanken zu machen, ob und wann man in ein Heim geht. Was man zurücklässt, ist oft verloren. Wer ins Heim kommt, kommt meist zu Lebzeiten nicht mehr raus. Damit muss man zurechtkommen.

Auch die Kinder müssen begreifen, was einem das Leben zumutet und was der Gang ins Heim bedeutet, nämlich den letzten Abschnitt des Lebens.

SELBER DICHTEN!

Letzte Worte sind viel zu wichtig

Nachdem ich mir mein Grab selbst ausgesucht habe, überlege ich, ob ich nicht auch meine Grabrede selbst formulieren sollte. Nun ja, vielleicht nicht die ganze Rede so bald. Wer weiß, vielleicht lebe ich noch 25 Jahre und eine heute geschriebene Fassung wäre nicht mehr aktuell. Besser noch abwarten und sehen, was mir das Leben noch zu bieten hat. Aber wenigstens über die ein oder andere Epistel könnte ich schon mal nachdenken. Wäre doch schön, man wüsste, was einem die anderen nachrufen. Ganz im Ernst: Ich habe schon viele Traueransprachen gehört – es waren wenige gute darunter. Man fragt sich doch, ob man sowas über sich gerne hören würde.

Was hat diesen Menschen ausgemacht, was hat er uns bedeutet? Was hätten wir ihm gerne noch gesagt! Viele Grabreden klingen, als wollte man alles das nachholen, was man zu Lebzeiten des Verstorbenen nicht gesagt hat.

Erinnern wir uns daran, was uns selbst so ausgemacht hat in diesem Leben. Worauf sind wir stolz? Was hätten wir lieber bleiben lassen? Was hinterlassen wir der Nachwelt? Wer wird uns vermissen? Die letzten Worte sollten den Kern des Wesens eines Menschen erfassen. Das ist keine leichte Kunst, ganz klar.

Deshalb ist es eine gute Tat an den Hinterbliebenen, ein paar letzte Worte über sich für sie zurechtzulegen. Sie lassen sich prima neben dem Testament platzieren, sodass sie auch gefunden und wahrgenommen werden. Und dann kann man sich auch gleich überlegen, was man ihnen zu Lebzeiten gerne noch sagen würde.

Wer wusste schon, dass Sie viel sensibler waren als es den Anschein hatte? Wer hätte je gedacht, dass Sie so gerne einmal in die Antarktis gereist wären? Wer wusste, wie sehr Sie unter Ihrem dämlichen Spitznamen gelitten haben? Der Mensch ist ein Rätsel. Und wenn wir dieses Rätsel nicht lösen, bevor wir sterben, dann nehmen wir es mit ins Grab. Zugegeben, das kann einem nach dem Tod egal sein. Aber wer möchte schon »Erich Feigel – Schreiner« auf dem Grabstein stehen haben, wenn da auch hätte stehen können »Erich Feigel – Tagträumer und glücklicher Optimist«. Nur weil keiner ahnte, welchen Gedanken Erich Feigel nachhing, wenn er das Holz bearbeitete.

Hilde Paulsen mag die Worte »Sie war eine gute Mutter und eine wundervolle Großmutter« gerne gehört haben, wenn sie aus dem Jenseits gelauscht hat. Aber vielleicht hätte sie gerne zusätzlich gehört, was sie von vielen Müttern und Großmüttern unterschied: »Sie wäre gerne ein ausgeflippter Hippie gewesen!«

Letzte Worte sind eine wunderbare Gelegenheit für persönliche Bekenntnisse, wenn man sie selbst formuliert. Sie geben uns Gelegenheit, uns den anderen zu offenbaren, Worte zu finden für das Rätsel, das wir selber sind.

Nun werden Sie zu Recht erfahren wollen, was ich mir so zurechtgelegt habe. Und ich gestehe: Ich schwanke, was ich mir wünschen würde als Nachruf. Vielleicht eine kleine Rede, in der die Worte Schauspieler, Bühne, Rolle und Scheinwerferlicht nicht vorkommen, die Worte »Bretter, die die Welt bedeuten« schon gar nicht! Wer die in den Mund nimmt, sollte augenblicklich mit mir gemeinsam zur Hölle fahren müssen. Aber natürlich gibt es auch ein paar Worte, deren Auftauchen in der Grabrede auf mich ich mir wünschen würde. Es wäre schön, jemand nähme Worte in den Mund wie Freund, Mensch, leidenschaftlich, sensibel, vielleicht auch enthusiastisch, unernst, überraschend. Wer meinen Nachruf verfasst, sollte meinen Bücherschrank und meinen Kühlschrank studieren, ehe er ans Werk geht. Er sollte die Fotos auf meinem Nachttisch betrachten, vielleicht die Chats mit meinen Kindern und meine Bücher lesen. Erst dann darf er anfangen zu schreiben. Denn alles das liegt mir viel mehr am Herzen als mein Vermögensstatus, die Anzahl meiner Filme oder die Preise, die ich im Laufe meines Lebens bekommen habe. Ach ja, und natürlich sollte er mit den Worten von Konrad Adenauer schließen, der auf dem Sterbebett im schönsten Kölsch gesagt hat: »Do jitt et nix zo kriesche.« Was auf gut Deutsch so viel heißt wie: »Da gibt es nichts zu weinen.«

WARTE NUR, BALD ROCKST AUCH DU

Alles eine Frage der Zeit

Übers Älterwerden kann man endlos nachdenken. Einerseits gibt das Thema mit jedem Jahr und jeder Erfahrung, die man macht, Neues her, dessen Betrachtung sich lohnt. Andererseits stellt sich aber auch bald heraus, dass manche Erkenntnis sich in unterschiedlichsten Hinsichten bewahrheitet, und dass man vor allem nicht der Erste ist, der zu bestimmten Einsichten gelangt ist. Natürlich bin ich längst nicht so alt, wie ich aussehe oder wie mein Pass behauptet. Natürlich hasse ich meine Falten – vielleicht auch gerade deshalb. Natürlich habe ich Angst vor der Zukunft. Natürlich laufe ich die hundert Meter nicht mehr in der gleichen Zeit wie vor zwanzig Jahren. So geht es mir und so geht es uns allen.

Und trotzdem bin ich dankbar. Zu wissen, was ich alles erleben durfte, was ich alles geschafft habe, welche Zumutungen ich überstanden und welche Glücksmomente ich gehabt habe, das besagt für mich vor allem, dass ich ein Leben gelebt habe. Ich durfte älter werden! Ich durfte mein Leben mit so vielen Menschen teilen und darf es immer noch. Heute, morgen, vielleicht auch übermorgen noch, wer weiß …

Rückblickend stelle ich fest, es ist schon erstaunlich, wie unglaublich dumm die meisten von uns in jungen Jahren sind. Wir halten uns für unsterblich, für genial, für unbesiegbar und blicken auf die Alten mit einer Mischung aus Mitleid und Süffisanz. Dabei ist es doch genau umgekehrt! Die Jungen sind die Ahnungslosen, die Unerfahrenen, diejenigen, die noch nichts über die Welt wissen.

Im Supermarkt hat sich neulich ein Mann von vielleicht dreißig Jahren an mir vorbeigeschoben. »Sorry, ich hab's leider eilig.«

»Klar«, stimmte ich zu und ließ ihn vor. Soll er sich doch beeilen. Soll er schnell wieder an seinen Schreibtisch, wo seine Lebenszeit verrinnt, ohne dass er es merkt und ohne, dass er was davon hat. Er wird im Handumdrehen alt sein und dann an der Supermarktkasse von dreisten Dränglern beiseitegeschoben werden. Denn das ist der Lauf der Dinge: Heute fühlen wir uns unsterblich, morgen sind wir tot.

Die Jungen, die sich heute noch benehmen wie der liebe Gott persönlich, die sich über die Alten lustig machen oder sie einfach nicht beachten, werden auch noch in die Jahre kommen. Wir, die wir das Alter schon erreicht haben, wissen, wie rasend schnell das geht. Und dann werden sie unter den gleichen Zipperlein leiden, die gleichen Probleme haben und die gleichen Sorgen verspüren.

Doch es gibt einen Trost für euch Junge von heute! Ihr werdet nicht einfach nur alt und gebrechlich, schwerhörig und pflegebedürftig. Mag sein, dass das alles passiert. Aber vorher passiert noch etwas anderes: Ihr werdet klüger und gelassener, abgebrühter und cooler. Ihr werdet innerlich wachsen, während ihr scheinbar ein paar Zentimeter schrumpft. Und ihr werdet die Welt mit anderen Augen sehen. Denn auch das gehört zum Älterwerden: Wer es bis hierhin geschafft hat, der rockt die Welt.

Denn das Schönste am Älterwerden ist, man kann nicht mehr jung sterben.

BESUCH AN MEINEM GRAB

Ohne zu ahnen, wie lang mir noch bleibt

Wie ich schon eingangs schrieb, habe ich mir ein Grab gekauft. Eigentlich hatte ich nicht damit gerechnet, aber Tatsache ist: Ich gehe jetzt öfter mal dort vorbei. Das heißt, ich schlendere über den Friedhof, grüße den ein oder anderen Namen auf einem Stein wie einen alten Bekannten und nehme Anteil an der Gestaltung der Gräber. Wenn das Wetter schön ist, setze ich mich auch mal auf eine Bank und sehe den anderen Friedhofsbesuchern zu, wie sie Gießkannen vorbeitragen, Schaufeln oder Kerzen, wie sie gärtnern, beten oder ein Licht anzünden. Ich genieße den Frieden an diesem Ort. Und manchmal, wenn gerade niemand in der Nähe ist, trete ich an die Nische, die ich mir reserviert habe und auf der irgendwann mein Name stehen wird, und entbiete mir selbst einen Gruß. »Na? Alles klar?«

Und wenn ich ganz genau hinhöre, antwortet mir mein zukünftiges Ich mit einem Lächeln in der Stimme: »Alles klar, Sky.

Es dauert noch eine Weile. Geh nach Hause oder unternimm etwas Schönes. Mach dir einen schönen Tag!«

»Wie viel Zeit habe ich denn noch?«

»Willst du das wirklich wissen?«

Nein. Will ich nicht. Vielmehr bin ich dankbar, wenn ich jeden Tag genießen darf, als wäre es einer in der Mitte meines Lebens. Ohne Gedanken an die Vergänglichkeit. Ohne Angst, es könnte ein schmerzhaftes Ende sein. Ohne dauernd daran zu denken, was oder wen ich alles zurücklassen muss.

»Ich bin dann mal weg. Wir sehen uns«, sage ich.

»Sicher, Sky. Wir sehen uns. Nimm dir die Zeit und nutze sie!«

Ja, das werde ich. Mir Zeit lassen. Denn eines wird mir in diesem Moment besonders deutlich: Ich liebe das Leben. Immer noch. Jeden Tag aufs Neue. Deshalb werde ich versuchen, mich an den Rat zu halten: Ich werde mir Zeit lassen.

Aber eines bedauere ich, nämlich die Kürze unseres Daseins. Denn wenn ich mein Leben noch einmal leben dürfte, ich würde dieselben Fehler wieder machen, nur früher.

WILLKOMMEN IM SELBEN BOOT

Dank meiner Lesungen habe ich viele Menschen kennengelernt, die bereit waren, sich mit dem Thema Älterwerden auseinanderzusetzen. Wir haben gemeinsam gelacht und gemeinsam auch einige melancholische Gedanken geteilt. Und manche Zuhörerin, mancher Zuhörer hat mich angesprochen, um mir zu bestätigen: »Bei mir war das genauso«, oder mir zu widersprechen: »Ich sehe das ganz anders.« Denn natürlich ist jedes Leben und jeder Mensch anders. Deshalb kann ich in diesem Buch auch keine allgemeingültigen Weisheiten verkünden – dafür wäre ich auch nicht qualifiziert. Ich kann nur meine Gedanken und Gefühle offenbaren, meine bescheidenen Erkenntnisse teilen und ansonsten auf die Milde der Leserinnen und Leser hoffen. Sie haben mich immerhin dazu inspiriert, mich einmal ein wenig ernsthafter mit dem Thema zu beschäftigen, das mich naturgemäß seit einigen Jahren zunehmend umtreibt. Dafür möchte ich ihnen danken. Denn Tatsache ist: Viele Überlegungen, die ich auf den zurückliegenden Seiten niedergeschrieben habe, habe ich zum ersten Mal angestellt und formuliert, nachdem klar war, dass ich mir dieses Buch vornehmen würde. Mit anderen Worten: Sie haben mich dazu gebracht, nicht nur tiefer nachzudenken, sondern sie haben mich vor allem auch dazu geführt, mich dem Thema ehrlich zu stellen. Dieses Mal, ohne auf die nächste Pointe zu schielen. Und ohne alles nur durch die witzige Brille zu betrachten. Ungeschönt eben. Und mit einer ehrlichen Portion Romantik. Ein bisschen Schalk ist sicherlich immer noch enthalten. Erstens, weil ich finde, dass auch das Älterwerden nicht ausschließlich eine bierernste Angelegenheit ist, zweitens, weil es natürlich auch seine schönen Seiten hat, eine ganz eigene Art von »Romantik«. Soweit es mich betrifft, habe ich mir auch die Frage gestellt, ob das jetzt eine Bilanz ist oder gar ein Vermächtnis. Um es klar zu sagen: Ist es nicht. Ich habe vor, noch eine gute Weile zu leben. Da habe ich gegen einen satten Nachschlag nicht das Geringste einzuwenden. Auch kürzertreten werde ich nicht. Die Arbeit macht mir Spaß, das Leben fordert mich heraus, Stillsitzen war sowieso noch nie meine Königsdisziplin … Wozu soll ich mich in einen stillen Winkel zurückziehen, wenn mir die Welt noch so viel zu bieten hat? Ich fühle mich frei, zu tun und zu lassen, was ich will – und das bedeutet in meinem Fall unbedingt: zu tun, was ich will. Wann ich es will. Und mit wem ich es will. Man sagt ja, im Alter genießt man eine gewisse Narrenfreiheit. So ein Narr möchte ich gerne sein. Einer, der sich Freiheiten herausnimmt. Sei es die Freiheit, ein nachdenkliches Buch zu schreiben, sei es die, sich am Ende an alles zu halten – nur nicht an die Weisheiten, die ich selber formuliert habe.

Wir alle haben die Wahl, wir alle können und sollten es machen, wie wir es wollen, Hauptsache wir machen es gut! Und Hauptsache, wir haben unsere Freude daran.

Ich hoffe, ich konnte einiges in meinem Text einfangen, und es ist mir gelungen, ein Bild des Älterwerdens zu zeigen, vor dem wir keine Angst haben müssen, mit dem wir uns nicht allein fühlen und das bei allen Problemen immer noch viel Lebensfreude und Optimismus beinhaltet. Denn das sind für mich die wichtigsten Dinge, die es im Alter zu bewahren gilt: Mut, Zusammenhalt und Spaß am Leben. So lange und so viel, wie es nur möglich ist. Es mag nicht einfacher werden mit den Jahren. Aber es trifft uns alle. Früher oder später. In diesem Sinne: Ich wünsche Ihnen ein langes, glückliches und gesundes Leben – und stets einen Menschen, der Ihnen zuhört und der für Sie da ist.

Auf geht's! Die Hundert sind noch drin!

Ihr Sky du Mont